KNAUR

Über die Autorin:
Caroline Gottwald arbeitet als Lektorin in München. Sie fragt sich oft, wer sie eigentlich ist, daher schreibt sie dieses Buch unter einem Pseudonym. Rückfragen findet sie gut, deshalb gibt es auf Facebook die Möglichkeit, ihr auf der Seite »Ist der Hahn tot, wenn man ihn zudreht?« neue Fragen zu stellen, über die sie sich sehr freut. Antworten kann sie allerdings nicht liefern …

Caroline Gottwald

Ist der Hahn tot,
wenn man ihn zudreht?

Das Buch der blöden Fragen

Besuchen Sie uns im Internet:
www.knaur.de

Deutsche Erstausgabe Januar 2015
Knaur Taschenbuch
Copyright © 2015 bei Knaur Taschenbuch.
Ein Unternehmen der Droemerschen Verlagsanstalt
Th. Knaur Nachf. GmbH & Co. KG, München.
Umschlaggestaltung: ZERO Werbeagentur, München
Umschlagabbildung: larryrains / Gettyimages
Satz: Daniela Schulz, Puchheim
Druck und Bindung: CPI books GmbH, Leck
ISBN 978-3-426-78714-4

2 4 5 3 1

Inhalt

Die ham den Schuss nich gehört?

So 'nen Bart!?

Schmerz lass nach!?

Alles Vorwort oder was?

Es gibt keine dummen Fragen, wird doch immer behauptet, aber wer dieses Buch liest, glaubt der noch dran? Fragen sind oft viel klüger als die Antwort, das ist auch so ein Spruch, aber wer möchte als Antwort hören: Niesmuschel? Geht's noch?

Wer genau hinhört, dem begegnen im Alltag ständig Fragen: Kannst du mal, machst du mal, holst du mal, und die wohl häufigste ist: Was hast du gesagt? Oder unschön: Wie? Ich hab sie nur mal hier reingeschrieben, weil die hinten noch fehlt, da konnte ich mich nicht entscheiden, und in welches Kapitel hätte so ein »Wie?« auch passen sollen?

Im Kollegenkreis ist Fragensammeln jedenfalls ein großer Erfolg, ich kann so eine Biergartenrunde nur empfehlen und freue mich auf Facebook über jede Menge neuer Fragen: Ob ich noch ein Buch mache? Wer weiß? Ob ich weiter sammeln werde? Ja, kann ich denn anders? Wird das, was ich freiwillig und mit großer Begeisterung getan habe, nicht läufig zum Zwang?

Fragen macht wach, ausgeglichen, kritisch, lustig, einfach happy – nun gut, nicht unbedingt die eigene Familie, der ich auf diesem Weg herzlich danke –, aber mich macht es glücklich, und am Anfang des Buchs ist nur noch die eine Frage übrig: Wer ist eigentlich Iris?

Geht's noch?

Der ganz normale Wahnsinn!

Haben Sie schon mal Raben angeschwärzt?

Kann man Jammerlappen auswringen?

**Ist der Friseurberuf eine besonders
haarige Angelegenheit?**

*Zeichnet sich der Wal durch sein
unhandliches Format aus?*

Schon mal einem Eichhörnchen eins auf
die Nüsse gegeben?

Sitzen Unken gern in Spelunken?

*Wenn Gesten mehr sagen als Worte, warum
gibt es dann noch Wörterbücher?*

Schon mal beim Fegen Kehrblech geschwafelt?

Machen die Buchstaben die Augen zu,
wenn man das Buch zuklappt?

Möchten Sie Mitglied eines Clubs sein,
in den man Leute wie Sie aufnehmen würde?

*Kam Ihnen beim Englischlernen schon mal
was spanisch vor?*

Ist Wissensdurst die flüssige Form
von Bildungshunger?

Wie gefährlich sind »freie Radikale«?

Wenn eine Ostfriesin und ein Bayer heiraten,
kommt dabei ein Hesse raus?

Kann man jemandem trauen,
dem man alles zutraut?

*Ist kein Mensch zu beschäftigt, allen zu erzählen,
wie beschäftigt er ist?*

**Ist es ein gutes Rezept, fit zu bleiben,
dass man täglich Amok läuft?**

Endet der Weg des geringsten
Widerstands oft in einer Sackgasse?

Entzündet sich an einer brennenden Kerze
leichter ein Streit?

*Ist der Schwachsinn bei Starken
zu wenig ausgeprägt?*

Ist es auf lange Sicht unklug,
wenn intelligente Leute sich vor
zunehmender Intelligenz fürchten?

*Sagt ein Lappländer beim Anblick seiner Herde:
Das rentiert sich?*

Sind zwei Schwiegermütter die Höchststrafe
für Bigamie?

*Wenn man Angst hat vor dem Monster unterm
Bett, muss man dann die Beine absägen?*

Können Schneekönige einfrieren?

Sind Skelette häufig arbeitslos, weil sie
Knochenarbeit scheuen?

Tragen Giraffen den Kopf so hoch oben,
weil der Hals so lang ist?

**Ist »Team« die Kurzform von:
»Toll, ein anderer machts«?**

Kann man einen platten Plott aufpumpen?

*Stimmt es, dass nicht alles, was stinkt,
automatisch Chemie ist?*

Sind Sternbilder nur im Dunkeln sichtbar?

Wenn Schokolade im Wasserbad schmilzt, funktioniert
das auch beim Schokolatier in der Badewanne?

Wo schlafen schläfernde Agenten wirklich?

**Kann jeder höher springen als
ein Hochhaus?**

**Wer hat gesagt, dass das Pferd schwitzen muss –
und nicht der Reiter?**

Fasziniert Arbeit Sie auch so sehr, dass Sie
stundenlang zugucken könnten?

*Steht der Einlauf der Olympioniken
neuerdings per se unter Dopingverdacht?*

Wie abgründig ist der Bodensee?

**Legen Hühner Eier, weil sie sie
nicht hinstellen können?**

Kennen Sie einen Chef, der von sich sagt:
Ich habe keine Probleme, ich habe Mitarbeiter?

*Widersprechen Sie Experten nicht,
sondern warten, bis sie es selber tun?*

Kommt eine Ameise nur über den Fluss,
wenn sie das A weglässt?

Dienen Worte nur dazu, die Stille zu verbessern?

Ist eine Lüge nur durch Sachzwang
induzierte Ehrlichkeit?

*Halten Politiker eine Rede, wenn es ihnen die
Sprache verschlägt?*

Scheint die Sonne sowieso nur, wenn es hell ist?

Warum ist am Ende des Geldes noch so
viel Monat übrig?

Berechtigt ein Traumjob zum Schlaf
während der Arbeitszeit?

Ist ein Sattelschlepper ein Cowboy, der sein Pferd
verloren hat?

*Ob sich wohl der Schlitten vom
Weihnachtsmann rentiert?*

**Sind Menschen aus Kalau
alles Kalauer?**

Wird man von Tee early grey?

Wann blüht der Mastbaum?

***Warum geht es bei einem Rumpelstilzchenanfall
selten um die Frage des Eigennamens?***

Ist Ihnen ein Fünfer im Lotto lieber als
eine Acht im Fahrrad?

Müssen auch Lebkuchen mal sterben?

Hat zu Ihnen schon mal jemand gesagt: Nein, wir reden nicht aneinander vorbei, wir verstehen einander nur nicht?

Wer kann alles außer Hochdeutsch?

Gehören zu einer Ehe genau zwei Personen –
die Braut und ihre Mutter?

Beschimpfen Sie jemanden lieber als kognitiv beeinträchtigtes Individuum, wohnhaft in Randlagen bäuerlicher Herkunft – oder sagen Sie schlicht: Du Dorftrottel?

Sind auch Sie eigentlich ganz anders, aber kommen nur so selten dazu?

Warum heißt »Dusch Das« nicht »Dusch Dich«?

Ist das hier der Bodensee,
weil ich hier den Boden seh?

**Warum feiern wir immer dann Weihnachten,
wenn die Geschäfte so voll sind?**

*Haben Sie durch den Buchstabendreher auch
schon mal einen Text uriniert?*

Sind Seepferde zu klein für den Damensattel?

*Fällt Abnehmen leichter,
wenn das Telefon klingelt?*

Frisst der Teufel in der Not
auch Ihre Lügen?

Hinterlassen manche Politiker beim Ausscheiden aus dem Amt eine Lücke, die sie vollständig ersetzt?

Gibt es auch Leuchttürme für U-Boote?

Warum heißt das Arbeitsamt eigentlich Arbeitsamt und nicht Arbeitslosenamt?

Sind Autos mit Kotflügeln zuvor im Misthaufen gelandet?

Gibt es auch weiche Harddisks?

Was kann man aus Diebstahl bauen?

Kann man sich im Handumdrehen den Fuß brechen?

Lernt es sich, mit Nahrung überladen, suboptimal?

Wenn eine Schildkröte ihren Panzer verliert, ist sie dann nackt oder wohnungslos?

Ist eine Gesichtscreme, die zwanzig Jahre jünger macht, für 19-Jährige lebensgefährlich?

Schon mal mit einer Kerze ausgegangen?

Wer testet Hundefutter, auf dem steht: Mit verbessertem Geschmack?

Warum sind Einsekundenwitze so schnell vorbei?

Hilft das Licht gerade woanders aus, wenn es bei Ihnen dunkel ist?

*Ist das schon eine Datensäuberung, wenn man den
Laptop mit unter die Dusche nimmt?*

**Kann eine Maus nur deshalb nicht gemolken
werden, weil kein Eimer drunterpasst?**

Brennen Glühbirnen häufiger durch,
wenn sie aus der Fassung geraten?

Ist das eine Mischen Impossible, wenn man
einhändig Karten spielen will?

Wie viel Prozent Fett hat die Milchstraße?

Heißt der Teufel mit Vornamen Pfui?

Ist irre nur ein anderes Wort für menschlich gut?

Heißt »aufeinander eingehen« wirklich, dass man beim Geschlechtsverkehr gestorben ist?

Sind Kondensstreifen am Himmel, weil den Engeln die Frischmilch ausgegangen ist?

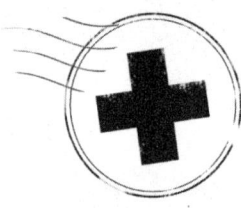

Warum stinken Fische so sehr, obwohl sie ihr ganzes Leben lang baden?

Verzögern Sie auch gern den Vollzug zeitnaher Handlungen frei nach dem Motto: Aufgeschoben ist nicht aufgehoben?

Der Arbeiter arbeitet, der Student studiert, aber kann es sein, dass der Chef scheffelt?

*Sollte man sich bei Durchzug auch im Bahnhof
warm anziehen?*

*Setzt der Gärtner im Frühjahr als Erstes seinen Fuß in
den Garten?*

**Sollte man sich im Internet wie im Flugzeug
verhalten und nie ein Fenster öffnen?**

Beginnt jeder Aufsatz mit einem A?

Heißt das Regal beim Bäcker Backbord?

Unk hier nicht so rum, sagte das Unkraut zum
Frosch, bevor es verging?

Kann ein Hirngespinst spuken?

Vergeht für Stewardessen die Arbeit wie im Fluge?

Wenn man das Zweite mit dem zweiten Auge besser sieht, womit sieht man dann die dritten Programme?

Sprengt ein Rasensprenger den Rasen?

Erkennt man einen Experten daran, dass er genau erklären kann, warum alles anders gekommen ist, als er es vorausgesagt hatte?

Schon einmal eine Sitzung auf der Toilette ausgesessen?

Kriegt man vom Haschrauchen Grasnarben?

Kommt man als Stammgast jemals
auf einen grünen Zweig?

Kann man sich als Schaffner einen Zug holen?

 Gibt es Zahnseide auch in Baumwolle?

Kann ein Glückspilz auch giftig sein?

Steht der Nasenbär unter Tierschutz?

Bringt ein vermeintlich optimaler Zeitpunkt Straffällige hervor – oder macht Gelegenheit Diebe?

Leben Sie auch frei nach der Devise: Lieber neureich als nie reich?

Schon mal wegen unterschrittener Geschwindigkeit belangt worden?

Werden Landeier in der Stadt in die Pfanne gehauen?

Warum steht man im Fahrstuhl?

Sollte eine Eintagsfliege Tagebuch führen?

Hatte Noah auch Fische auf der Arche?

Warum ärgern wir uns über Gallensteine, freuen uns aber, wenn uns ein Stein vom Herzen fällt?

Warum heißt es: »Hang the DJ«, und nicht: »Stell den mal leiser!«?

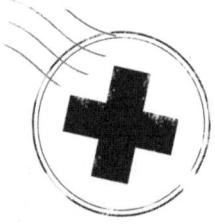

Was ist wichtiger, immens glücklich zu sein – oder zu wissen, wie man das schreibt?

*Muss, wer a-helfen sagt,
auch behelfen sagen?*

Kann ein Dresdner per Autostopp nur nach Sachsen-
Anhalt reisen?

Dürfen Baggerfahrer jemanden auf die Schippe nehmen?

**Warum ist ausgerechnet das
Wort Abkürzung so lang?**

Will Spontaneität sorgfältig geplant sein?

Warum nimmt man durch Rumliegen nicht ab?

Ist ein Igel in der Kondomfabrik schlimmer als ein
Elefant im Porzellanladen?

*Warum sind Hutschachteln rund,
Pizzaschachteln aber eckig?*

Ist Alleinsein nur dann schön, wenn man es nicht ist?

Wie kann man herausfinden, ob es in einem Wörterbuch falsch geschriebene Wörter gibt?

Wie soll sich der Bauer verhalten, wenn seine Frau sagt: »Sieh zu, dass du Land gewinnst!«

Hat, wer zuletzt lacht, es nicht eher begriffen?

Wenn ein Schäfer seine Schafe verhaut, ist er dann ein Mähdrescher?

Darf man ein Mannequin mit nasser Hose als Auslaufmodell bezeichnen?

Tragen Kofferträger auch Rollkoffer?

Darf man Elefanten kein Geheimnis verraten,
weil sie es sonst heraustrompeten?

Schon mal 'ne Pekingente im Römertopf zubereitet?

Geht Kohlroulade auch mit Altpolitikern?

*Warum kann man
zu A nicht B sagen?*

Schon mal von den Stadtwerken 'ne Müllabfuhr geholt?

Gibt es für den ersten Eindruck keine zweite Chance?

Hat eine persönliche Zwangslage auf die Kreativität
immer eine optimale Wirkung?

Warum ist Kohle alles Gold, was glänzt?

Muss, wer nicht hören will,
am Ende selbst lesen?

Nutzt ein Anhalter nichts, wenn die Bremsen versagen?

Sind Brathähnchen die einzigen Tiere,
die sich nach dem Tod noch umdrehen?

Schon mal in Ameisenscheiße getreten?

Was ist der Unterschied zwischen einer
Liegewaage und einem Liegewagen?

*Ist der verschimmelte Reiter auch
nur so ein blödes Buch?*

Hinterlassen Bienen auch eine Bremsspur –
oder nur Stechfliegen?

Schon mal jemanden ins Brot geholt?

Wie kann eine unangebrachte Sache einen Haken haben?

Warum fragen Banker im Schuhgeschäft ungern nach Einlagen?

Sind Schmalspurbahnschienen schmaler als Breitspurbahnschienen?

Wer das Hotel im Voraus bucht, sollte sich der im Nachhinein noch wundern?

Geht Liebe auf den ersten Blick immer ins Auge?

Verhält sich die Fläche hinter einem lichtundurchlässigen Körper umgekehrt proportional zur Strahlung frei nach dem Motto: Wo viel Licht, da viel Schatten?

Bekommt man ISDN,
wenn man kranke Kühe isst?

Wird man über Nacht zum Sonnenanbeter?

Mögen Sie keinen Gruppenzwang,
sondern machen freiwillig bei allem mit?

Wenn die dümmsten Bauern die dicksten Kartoffeln
ernten, was legen dann die Hühner?

***Wo kämen wir denn hin,
wenn alle normal wären?***

Haben Sie nach einem Tag im Net
auch schon mal die Websen gehabt?

Wie viele Ecken haben Zecken?

Ist eine Grauzone nichts für Schwarzseher?

Haben Sie sich selbst schon
einmal erfolgreich verwirrt?

*Warum suchen viele Einarmige einen Second-
Hand-Shop?*

Machen Sie auch alles in letzter Minute fertig,
damit es schnell vorbei ist?

Wie verschlumpft ist das denn?

Schlümpfe, Comic-Helden und
andere Lachfiguren

Welche Farbe hat Schlumpfkacke?

Spielt Thor gerne Fußball?

Was Hänschen nicht lernt – wird Gretchen
es ihm noch beibringen können?

Essen Schlümpfe Grünkohl? Oder Gelbe Rüben? Grüne
Bohnen? Rotkohl?

Wie groß sind kleinwüchsige Zwerge?

Kannte Kant Kent?

Heißt die Geliebte von Herkules wirklich Frau Kules?

Ist Schneewittchen unter den Küssen
des Prinzen dahingeschmolzen?

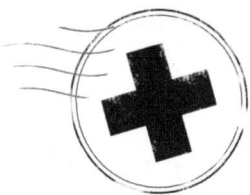 **Ist Frau Holle oller?**

Leben lispelnde Wichte im Fichtelgebirge?

Kann Thor den Donnergott auch der Schlag treffen?

Gibt es Schlümpfe, die noch grün
hinter den Ohren sind?

Welches Shampoo hilft gegen Nikoläuse?

Sind nachts alle Schlümpfe grau?

Gibt es ein Schlumpfloch für flüchtige Schlümpfe?

Was passiert mit einem Schlumpf,
wenn er sich schwarzärgert?

Trägt Tarzan gerne Lodenmantel?

Warum fangen Zwerge immer klein an?

Sind alle Schlümpfe blaublütig?

Dürfen Zwerge auf dem Riesenrad mitfahren?

Sind Vampirromane immer blutleer?

Welche Farbe nehmen Schlümpfe an,
wenn man sie würgt?

Können Schlümpfe auch die Grünen wählen?

Hat es Superman schon mal aus den Socken gehauen?
Und reißt dann der Anzug?

Was tut Spiderman, wenn er
unter Agoraphobie leidet?

**Was tut Spiderman, wenn ihm der
Geduldsfaden reißt?**

Kann man den Leckerschlumpf essen?

Ist Superman ein Womanizer?

*Warum heißt der Frierschlumpf auch Frösti?
Ist er Schweizer?*

Wussten Sie, dass der Kauf eines Superman-
Kostüms noch nicht zum Fliegen berechtigt?

38

Gibt der Arztschlumpf nur blaue Spritzen?

Kommt Tarzan nicht mehr ohne seine Jane?

Erntet der dümmste Schlumpf
die dicksten Schlumpfbeeren?

Waren Sie auch schon mal so richtig fix und foxi?

**Wenn etwas Blaues im Wald auf einem Stein liegt,
ist das dann Schlumpfkacke?**

Wenn Dummheit blaue Flecken machen würde,
wäre dann die Welt voller Schümpfe?

Spinnt Spiderman?

Warum hat Tarzan keinen Bart?

Gibt es Waffel-Man, weil der einen an der Waffel hat –
oder gibt's den noch gar nicht?

Wenn Kinder Superman-Schlafanzüge haben,
warum hat Superman einen Kinderschlafanzug an?

Fliegt Superman Schlangenlinien,
wenn er besoffen ist?

Kann man Superman mit einem Witz entwaffnen?

Müssen auch Superhelden mal?

Heißt Iron-Man Iron-Man, weil der beim
Iron-Man mitmacht?

Ist Batman bad, man?

Tankt Superman auch Diesel?

*Ist die Marvell-Figur »Käpt'n Iglo«
häufig unverfroren?*

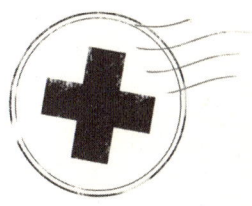

**Wie viel Blutzoll muss Dracula bei
einer Auslandsreise lassen?**

Schon mal versucht, bei Spiderman anzurufen,
und der hatte kein Netz?

**Hat Jack the Ripper seine Opfer bei
Stichproben gefunden?**

Können Schlümpfe kein Brot backen,
weil sie Gar ga mehl haben?

*Spielen Schlümpfe nie Verstecken,
weil keiner sie suchen würde?*

Mann sind die Flachmann?

Wenn der Alkohol nicht wäre …

Ist Alkohol nur etwas für Leute, die auf lange Sicht ein paar Gehirnzellen entbehren können?

Wenn Autofahren verboten ist, nachdem man etwas getrunken hat, warum haben Bars und Kneipen Parkplätze?

Ist der Trick, keinen Kater zu bekommen, dass man einfach nicht mehr aufhört zu trinken?

Bringt man Alkohol am besten durch den Zoll, indem man ihn vorher trinkt?

Holt immer der das nächste Bier, der gerade eins wegbringt?

Essen Schnapsdrosseln gerne Regenwürmer?

Warum geht Feuerwasser nicht aus?

Kann man Katerfrühstück auch in Dosen kaufen?

Schmeckt ein Ge(h)bräu auch im Sitzen?

Hat Ihnen jemand schon mal eins
auf die Schürze gegeben?

Ist mit echtem Schrot und Korn
der Drops gelutscht?

Ist, wer leicht Schlagseite hat, kein geübter Trinker?

Was wächst in einem Biergarten?

Egal wie dicht man ist, Goethe war dichter?

Kann man sich einen Kaufrausch antrinken?

Ist es für viele schon Strafe genug, wenn sie nach dem Alkoholgenuss ihre Umwelt doppelt sehen?

Ist Ihnen beim Vorsichtig-aus-der-Kneipe-Gehen auch schon mal jemand auf die Hand gestiegen?

Was ist ekliger als ein Schamhaar in einer Bloody Mary?

Steht ein Pils im Wald,
wenn die Tannen zapfen?

Wo kommt bei Sektflöten der Ton raus?

Wächst im Biergarten auch Bier?

*Lieber über Nacht versumpfen
als im Sumpf übernachten?*

45

Wenn man sich etwas durch die Kehle jagt,
ist es dann schon tot?

Was sehen weiße Mäuse,
wenn sie besoffen sind?

**Haben Sie lieber einen wackligen Stammtisch
als einen festen Arbeitsplatz?**

*Haben auch Katzenfreunde am Tag
danach Katzenjammer?*

Darf man in einem Weinkeller auch mal lachen?

Ist ein Blauwal immer besoffen?

*Investieren Sie in Alkohol und genießen Sie
satte vierzig Prozent?*

Haben viele Trinker eine Lederallergie, die mit Kopfschmerzen einhergeht, wenn sie in Lederschuhen im Bett aufwachen?

Kann man Weinbrände mit Obstwasser löschen?

Wenn das Bett im Kornfeld steht, was tun, wenn der Schnaps leer ist?

Gilt ein Bierbauch auch als Lendenschurz?

Trinkt jemand gern etwas an den Schlag?

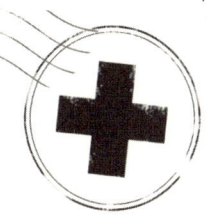

Wie viele Runden dreht ein Radler im Biergarten?

Was passiert, wenn die Tanne zur Lärche sagt: Angezapft is?

Welche Löcher hämmert der Schluckspecht?

Alkoholiker, sind das immer die anderen?

Was macht ein Bierbrauer, wenn bei ihm Hopfen und Malz verloren ist?

Rührt eine Weinschorle zu Tränen?

Gibt es auf der Bierbank die Zinsen in Prozent oder Promille?

Heißt Stoibers Lieblingsbier Hasseschröder?

Wie belebt man eine Bierleiche wieder?

Wann haben Sie zuletzt gepflegt einen abgebissen?

Lieber einen zu viel getrunken
als einen zu viel bezahlt?

Im Biergarten schon mal 'nen Gärtner getroffen?

Steigen Antialkoholiker gerne
auf Promilletee um?

*Im Wein liegt die Wahrheit, der Schwindel
findet sich auf dem Etikett?*

Ölt man die Kehle von außen oder von innen?

Nehmen Frauen sich gerne den BH zur Brust?

Schafft Alkohol am Arbeitsplatz noch
so manchen wirren Satz?

Geht die dann aus, wenn man sich einen
auf die Lampe gießt?

Ist Ihnen Bier im Bauch lieber als Wasser im Kopf?

Stimmt es, dass die Deutschen Bier trinken und
die Franzosen Wein, damit jede Nation ihre
eigene Fahne hat?

Wen haben Sie im Tee?

*Lieber voll heimkommen
als leer ausgehen?*

Ist man noch nicht betrunken, wenn man am Boden
liegen bleiben kann, ohne sich festzuhalten?

Wenn Ihnen der Schädel brummt,
haben Sie 'ne flotte Biene gesehen?

50

Schon mal bei einem Barkeeper ein Eigentor geschossen?

Vorglühen geht vor Nachschütten?

Ist der Flachmann wirklich so flach, Mann?

Ist unterm Tisch auch auf der Party?

Ist Alkohol keine Lösung, sondern ein Destillat?

Erkennt man, dass man betrunken ist, wenn man den Wagen nicht mehr aus der Garage bekommt?

Ein Schluckspecht klopft selten allein?

Warum sind Saufburgen selten aus dem Mittelalter?

Wer so blau ist, dass er nicht einmal das Röhrchen trifft, kriegt der mehr als nur den Führerschein entzogen?

Kann auch ein guter Tropfen ein schlechtes Gewissen machen?

Werden Alkoholiker nur halb so alt, sehen dafür aber alles doppelt?

Ist ein Promillesünder jemand, der mit zu wenig Promille im Auto erwischt wird?

Warum können so viele Frauen mit hochhackigen Schuhen einen Stiefel vertragen?

Ist der Ausschank von Hochprozentigem auch im Flachland erlaubt?

*Nicht jeder, der voll ist wie ein Sack,
ist der Weihnachtsmann?*

Sind Milchtrinker per se die besseren Säuglinge?

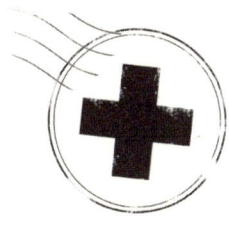

Warum kann man einen
Absturz schieben?

Sind Malermeister immer gestrichen voll?

Hoch die Tassen, lasst uns die Gläser schwingen?

Wie entladen Sie sich, wenn Sie voll sind
wie eine Haubitze?

Kann man Almdudler auch auf der Hallig trinken?

*Sind Sie lieber vom Weinbrand gezeichnet
als von Rembrandt gemalt?*

Ist Bier trinken besser als Quark reden?

War es für Sie – nüchtern betrachtet –
besoffen auch besser?

Hat ein Alkoholproblem, wer einen eigenen Parkplatz
vor dem Schnapsladen hat?

*Warum liegt jemandem mit einer
schweren Zunge meist etwas auf der Seele?*

Warum wissen so viele genau, wo bei ihnen die
Oberkante der Unterlippe verläuft?

*Hat Ihnen schon mal jemand reinen Wein
eingeschenkt – oder war es doch nur Rheinwein?*

Muss, wer einen schnorcheln geht, abtauchen?

Kann man auch ohne Spaß Alkohol haben?

Wenn Alkohol die Zunge löst, wie sagt man's am nächsten Morgen?

Warum kotzen sich so viele Atheisten nach dem Saufen die Seele aus dem Leib?

Wer ordentlich getankt hat, kann der sich noch die Zapfsäulennummer merken?

Nennt man in Honig eingelegte Eier auch Methoden?

Werden Angetrunkene nicht für voll genommen?

Womit löscht man einen Brausebrand?

Warum haben viele im Stehen einen Kleinen sitzen?

Kann man sich beim Friseur einen
Haarspitzenkatarrh holen?

Ein Rachenputzer kommt selten allein?

**Wer eine gute Naht säuft, ist noch lange
nicht aus dem Schneider?**

Ist man nur im August sternhagelvoll?

*Warum sieht man nach durchsumpfter
Nacht oft aus wie eine Moorleiche?*

Haben nur Friseure einen ondulierten Gang?

Ist halb besoffen zu sein nur rausgeschmissenes Geld?

Sind Katzen die beliebtesten Haustiere,
weil ihr Kauf eine Kateridee war?

Waren Sie alleine schon mal voll wie tausend Russen?

Warum kann man auch nach einem
Klaren benebelt sein?

Wer gerne einen zwitschert, muss
noch lange keinen Vogel haben?

Nicht nur im Ruhrpott ist gut zechen?

Lieber schwarz mit der Bahn gefahren
als blau gegen einen Baum?

Warum kann man auf einem Bein nicht gut stehen, wenn man einen im Kahn hat?

Wer lull und lall ist, ist noch lange nicht breit?

Kann man sich einen Goldrausch holen?

Haben auch Tussis gerne einen intus?

Schon mal nach 'nem Absacker weggesackt?

Wenn Sie von den schlimmen Folgen des Trinkens lesen, was geben Sie zuerst auf, das Trinken oder das Lesen?

Wer den Kanal voll hat, ist noch lange kein Seemann?

*Heißt es in dem Volkslied: Im Leben,
im Leben, da geht man einen heben?*

**Eine Kotztüte halte bereit,
wer angetütert ist?**

Heute ein König –
morgen eine Schnapsleiche?

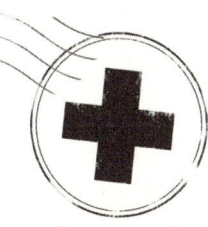

Wenn man beim Wort Mama vier Buchstaben
ändert, hat man dann am Ende das Wort Bier?

*Sollten Sie sich, wenn Sie eine Mail nicht erhalten, mal
beim Absender melden?*

Wie ist 'n das gemeint?

Bitte vor dem Antworten nachdenken!

Lassen sich gekochte Eier generell besser pellen,
wenn man zuvor behutsam das Huhn entfernt hat?

**Ist es Zufall, wenn ein blindes Huhn
auch mal ein Korn findet?**

*Warum wohnt ausgerechnet der Nachbar
immer nebenan?*

Kann Altbewährtes zukunftsweisend sein?

Wie würde Luft heißen, wenn man
sie bei Ikea kaufen könnte?

Schon mal jemandem 'ne Erfrischung angeboten –
und dann das Fenster geöffnet?

Ist das Leben leichter,
wenn man nicht alles hinterfragt?

Sind Sie auch das Schönste an sich?

Beißen Hunde, die bellen, wirklich nicht?

Bemessen Sie die Länge einer Minute auch anders, wenn
Sie sich auf der anderen Seite der Toilettentür befinden?

**Ist an alle gedacht, wenn jeder
nur an sich denkt?**

   Aus was entsteht Luft?

Sind Sie schon einmal so über den Tisch gezogen
worden, dass Sie dachten, die Reibungsenergie sei
Nestwärme?

Darf man Kleidung nicht während
des Tragens bügeln?

Wandern Optimisten auf der Wolke,
unter der andere Trübsinn blasen?

Wo hört der Spaß auf?

Ist es angenehmer, durch den Kakao als über
den Tisch gezogen zu werden?

Haben auch Wolkenkratzer mal als Keller angefangen?

Wenn Träume der Sonntag des Denkens sind,
was machen dann Schichtarbeiter?

Wird der zweite Platz für den
ersten Verlierer freigehalten?

**Wird unser Morgen anders sein,
wenn wir das Heute verändern?**

Ist ein Berater ein Mensch, der Ihnen auf
Ihrer eigenen Uhr zeigt, wie spät es ist?

Wofür haben Rauchmelder eine Lautlosfunktion?

Ist kein Pilz klein genug, um nicht auch
noch als Glückspilz durchzugehen?

Salat geht gar nicht?

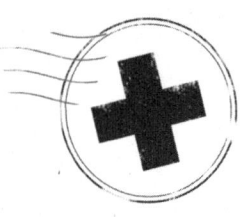

Bildet eine der Anziehungskraft unterliegende
Flüssigkeit in Sedimenten und Magmatiten eine
Auswaschung, spricht man dann vom steten Tropfen,
der den Stein höhlt?

*Heißt den Finger in die Nase stecken
in sich gehen?*

Unterscheidet die Tat tatsächlich das Ziel vom Traum?

Ist ein Defizit das, was man weniger hat, wenn man
nichts hätte und hätte davon was abgezogen bekommen?

Müssen Freunde sich nicht verständigen,
um sich zu verstehen?

Sagen nur Chemiker: Hoch den Kolben?

*Warum gibt es Menschen, die unbekannte
Sprachen übersetzen können?*

Ist schon mal jemand unter dem Gewicht des eigenen
Lebens zusammengebrochen – oder warum scheuen sich
sonst so viele junge Menschen, ihr Leben endlich in die
eigenen Hände zu nehmen?

**Warum wurden aus den frühen Affen
Menschen und jetzt nicht mehr?**

Was machen Tagesdecken eigentlich nachts?

*Wer über die Fehler der anderen lacht,
macht der selbst grad einen?*

Wenn ein Zug nach Norden fährt, zieht der Dampf
automatisch nach Süden?

Könnte hier Ihre Werbung stehen?

Sind Misserfolge nur notwendige
Umwege zum Erfolg?

**Warum hat eine 24-Stunden-Tankstelle
Türschlösser?**

Warum muss man immer wieder
dasselbe Zimmer aufräumen?

*Ist der Begriff Selbsthilfegruppe
nicht widersinnig?*

Warum kann sich fast keiner am Ellenbogen lecken?

Kann etwas Abgenutztes je wie neu sein?

Ob andere Wesen im All auch Fernsehen
gucken – mit Alien-Filmen?

Wer wirft beim Hammerwurfwettbewerb
den Hammer zurück?

Können Einzelgänger auch alleinstehend sein?

Ist ein Hund faul, wenn er »nichts tut«?

**Welchen Beweis für Ihre Existenz würden
Sie gelten lassen?**

Wird Leistungsbereitschaft wirklich honoriert?

Bleibt Brot wirklich länger frisch, wenn man
es in einem Eimer Wasser aufbewahrt?

Wer weiß schon, wie viel man wissen muss,
um zu wissen, wie wenig man weiß?

Wer braucht schon Zeit, um glücklich zu sein?

Worauf pochen Sprücheklopfer?

Schweigt der Krümel, wenn der Kuchen spricht?

Warum heißt es »einfühlen«, wenn man
dazu doch zu zweit sein muss?

*Warum ist die Ampel immer rot, wenn
ich über die Straße muss?*

Belehrt allein der Verlust über den Wert der Dinge?

Darf man ohne Führerschein eine Lawine
ins Rollen bringen?

 **Wo ist beim Baum hinten?**

Gibt es Dinge, über die Sie noch nicht
einmal mit sich selbst reden?

*Bin ich automatisch der beste Freund
von meinem besten Freund?*

Ist erst der Mann richtig verheiratet, der jedes
Wort versteht, das seine Frau nicht gesagt hat?

Wieso passiert immer genau so viel,
wie in die Zeitung passt?

Ist Toleranz das unheimliche Gefühl, der
andere könnte am Ende recht haben?

**Warum stellt jemand Fragen, wenn
er eh keine Antwort haben möchte?**

Wollten Sie nicht auch mal Karriere machen?

Ist Schlafen was für Weicheier?

Entscheidet bei einem Zug die Schiene
über die Richtung?

*Könnten Sie bitte schneller rudern,
ich will Wasserski fahren?*

*Wie heißen die harten Plastikenden
an den Schnürsenkeln?*

Können Sie auch, was keiner kann?

Wenn es heute null Grad hat und morgen doppelt so
kalt werden soll, wie kalt wird es morgen?

Was macht eigentlich der Bankräuber
mit der Bank?

**Dienen uns Computer zur Lösung von
Problemen, die wir ohne sie nicht hätten?**

Warum gibt es für alles den falschen Moment?

Schon mal breit gelächelt, um dem
Feind die Zähne zu zeigen?

Wieso lesen Sie diesen ganzen Schrott?

Was ist besser: Drei Vierkornbrötchen
oder vier Dreikornbrötchen?

Wie lange muss man einen Satansbraten im Ofen lassen?

Bekommt ein Fisch genau wie ein Mensch Krämpfe,
wenn er direkt nach dem Essen schwimmen geht?

Warum machen die meisten Leute beim
Einparken das Autoradio leiser?

Ist Einbildung die einzige Bildung,
die nicht schlauer macht?

Warum wird es dunkel, wenn
man die Augen zumacht?

Wer ist vom Kaufrausch mehr berauscht,
der Mensch vor oder hinter dem Ladentisch?

**Wird man zum Vegetarier,
wenn man ins Gras beißt?**

Hat jeder Mensch ein Recht auf meine Meinung?

Wenn nachts alle Katzen grau sind,
welche Farbe haben Hunde?

*Bedeutet Planung, den Zufall durch
den Irrtum zu ersetzen?*

Wer will schon anfangen, wenn es viel zu tun gibt?

Wann war Ihr bekifftestes Weihnachten?

Was wäre, wenn die Summe der Intelligenz
auf dem Planeten eine Konstante wäre,
aber die Bevölkerung wächst?

Bekommen Brandopfer Preisnachlass
im Krematorium?

**Rapsöl ist aus Raps, Olivenöl aus Oliven –
woraus ist Babyöl?**

Wenn man einer Katze einen Toast mit Butter auf den
Rücken bindet und sie aus dem Fenster wirft, landet sie
dann auf den Pfoten oder auf dem Rücken?

Warum ist nie besetzt, wenn man
eine falsche Nummer wählt?

Können Marienkäfer ihre Punkte zählen?

Leben Totgesagte länger, wenn man
ihnen Drohungen auf den AB spricht?

*Warum muss man für den Besuch
beim Hellseher einen Termin haben?*

**Wenn das Universum alles ist und sich ausdehnt,
wo dehnt es sich dann rein?**

Kann man jemandem die letzte Ehe erweisen?

Bekommt man Geld zurück,
wenn das Taxi rückwärts fährt?

*Muss, wer früher unentschlossen war,
sich heute noch lange nicht sicher sein?*

Warum sind Möhren orangener
als Orangen?

*Werden die meisten Leute einmal das,
was sie später sind?*

Warum besteht Zitronenlimonade größtenteils aus
künstlichen Zutaten, während in Geschirrspülmittel
richtiger Zitronensaft drin ist?

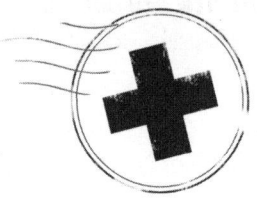

*Warum gibt es kein Katzenfutter
mit Maus-Flavour?*

Warum steht auf Sauerrahm-Bechern ein Verfallsdatum?

Warum ist das Wort »einsilbig« dreisilbig?

Lachen Sie mit angezogener Handbremse –
oder hören Sie sich immer so an?

Gibt es ein anderes Wort für Synonym?

Zu was sind Gefühle gut?
Und schlechte Gefühle?

Wollen so viele Jungen Busfahrer werden, weil
das Türzischen klingt wie von 'ner Bierdose?

Warum hat Noah die zwei Stechmücken
nicht erschlagen?

Was zählen eigentlich Schafe, wenn
sie nicht schlafen können?

Liegen die größten Schwierigkeiten dort
verborgen, wo wir nicht nach ihnen suchen?

Wie packt man Styroporkügelchen ein,
wenn man sie verschickt?

Wenn ein Schizophrener mit Selbstmord droht,
kann er wegen Geiselnahme verurteilt werden?

Wenn Schildermacher streiken,
wer beschreibt ihre Schilder?

**Wenn Schwimmen schlank macht,
was machen Blauwale falsch?**

*Wissen Sie nicht, wo Sie hinwollen, und
wollen trotzdem als Erster dabei sein?*

Warum gehen Frauen niemals alleine aufs Klo?

Machen Menschen mit Schichtdienst
ihren Mittagsschlaf nachts?

**Sehen wir alle Farben unterschiedlich, und
leben wir jeder in unserer eigenen bunten Welt?**

*Haben Elefanten rote Augen, damit sie sich im
Erdbeerfeld besser verstecken können?*

Wie würden Stühle aussehen, wenn wir
die Kniescheiben hinten hätten?

Warum laufen Nasen, während Füße riechen?

Warum glauben es die Leute sofort, wenn man ihnen sagt, dass es am Himmel Billionen Sterne gibt, aber wenn man ihnen sagt, dass die Bank frisch gestrichen ist, müssen sie erst einmal anfassen?

Wenn Superkleber wirklich überall klebt, warum bleibt er nicht an sich selbst kleben?

Warum heißt es Schneeschieber, wenn nicht der Schieber selbst den Schnee wefschiebt?

Wenn nichts an Teflon haftet, wie haftet es dann an der Pfanne?

Freut sich die Fliege vor dem Ventilator, weil es dadrin so schön rundgeht?

Ist Beamtenschweiß wirklich die seltenste
Flüssigkeit der Welt?

*Mit welcher Geschwindigkeit
breitet sich das Dunkel aus?*

Wissen Aliens, dass sie Außerirdische sind?

Wenn man in einem Raumschiff mit
Lichtgeschwindigkeit fliegt, was passiert,
wenn man die Scheinwerfer einschaltet?

Wenn die »Black Box« eines Flugzeugs
unzerstörbar ist, wieso baut man dann nicht
das ganze Flugzeug aus dem Material?

*Erhöht sich die Dunkelziffer,
wenn das Licht ausgeht?*

Schon mal 'nem Scheinheiligen
'ne Münze gegeben?

*Können Bagger nicht schwimmen,
weil sie nur einen Arm haben?*

Enthält ein Stück Schokolade genau die Energie, die man
braucht, um sich ein zweites zu nehmen?

Heißt es auf einem Kreuzfahrtschiff:
»Bullauge sei wachsam«?

*Ist das Leben wie ein Schachspiel:
Ein falscher Zug, und alles ist vorbei?*

Gehen Sie auch immer raus, wenn Ihre Freundin singt,
um den Nachbarn zu zeigen, dass Sie sie nicht schlagen?

Macht die Maus Klick?

Wie sucht man eine Suchmaschine?

Was für einen Sehtest machen Analphabeten?

Warum gibt es von Natur aus keine
Menschen mit grünen Haaren?

Kann man ein Damenfahrrad herrenlos
umherstehen lassen?

Schmecken Amphibien nach Fisch oder Fleisch?

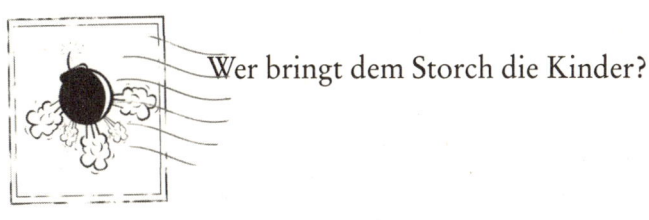 Wer bringt dem Storch die Kinder?

Warum gibt es keine Schokolade zum Abnehmen?

Wenn ein Mensch sich gruselt, bekommt er
eine Gänsehaut. Wenn eine Gans sich gruselt,
was bekommt die dann?

*Wenn Menschen Schmetterlinge im Bauch haben,
was haben dann Schmetterlinge im Bauch,
wenn sie verliebt sind?*

Ist ein Cowboy ohne Pferd ein Sattelschlepper?

Warum benutzt man für tödliche Injektionen
in den USA sterilisierte Spritzen?

*Schwitzen Kühe unter ihren schwarzen Flecken
mehr als unter ihren weißen?*

Wo kämen wir denn hin, wenn jeder sagen würde:
»Wo kämen wir hin«, aber niemand gehen würde,
um zu sehen, wohin wir kämen, wenn wir gingen?

Warum tragen Kamikaze-Piloten Helme?

Eine Thermoskanne hält im Winter warm,
und im Sommer kalt. Doch woher weiß sie,
wann Sommer und wann Winter ist?

Warum ist »Abkürzung« länger als »Umweg«?

Wenn ein Mensch mit multipler Persönlichkeitsstörung
Selbstmord begeht, ist das dann ein Massenmord?

Muss man sich vor ausschlagenden Bäumen hüten?

Warum sind manche, die gut sehen können,
total blind?

Leben wir alle unter demselben Sternenhimmel,
haben aber nicht den gleichen Horizont?

Wie kommt das »Rasen nicht betreten«-
Schild auf den Rasen?

 Treiben Eskimofrauen auf Eisschollen ab?

Sieht es bei Ihnen aus wie in der Sahara,
wenn der Staubsauger streikt?

Heißen die drei Eisheiligen wirklich Langnese,
Schöller und Dr. Oetker?

Haben blinde Eskimos Blinden-Schlittenhunde?

Versteht man unter einem vielbefahrenen
Autobahnkreuz immer nur Bahnhof?

Wie kommt ein Schneepflugfahrer
morgens zur Arbeit?

Ist Rätselraten wirklich so gefährlich,
weil man sich den Kopf zerbricht?

Wie packt man Bläschenfolie ein,
wenn man sie verschickt?

Wie bemerkt man es, wenn die
unsichtbare Tinte leer ist?

Wenn Rache süß ist, wie schmeckt dann Vergebung?

Wenn Hasenpfoten Glück bringen,
wieso wurde der Hase dann erschossen?

Warum muss der Deckel von einem
Sarg zugenagelt werden?

Warum kleckert man immer nur,
wenn man ein weißes T-Shirt anhat?

Ist das Wort Treuhandfonds nicht
ein Widerspruch an sich?

Warum gibt es keinen Fraulichkeitswahn?

*Bewegen auch Sie sich nur in den Grenzen,
die Sie selbst setzen?*

Wen rettet ein Rettungsschirm? Und wovor?

**Wer hatte bloß die Idee, ein s in das
Wort »lispeln« zu stecken?**

**Macht man den Meeresspiegel kaputt,
wenn man in See sticht?**

Was sehen Blinde in ihren Träumen?

Kann man unter Wasser weinen?

**Sind Zebras weiß mit schwarzen Streifen
oder schwarz mit weißen Streifen?**

Kann man Vögel mit
Federn kitzeln?

Kann man im Schlaf lügen?

Gibt es für Denkzettel einen IQ-Test?

Könnten Sie auch immer tausend Gründe nennen,
wenn Ihnen welche einfallen würden?

Warum haftet der Kleber nicht an der
Innenseite der Tube?

Warum irren Pfadfinder nie herum?

Laufen Dudelsackspieler beim Musizieren herum,
weil bewegliche Ziele schwerer zu treffen sind?

*Wie kann man seine Gedanken hören,
wenn man nachdenkt?*

Warum haben alle Toaster eine Stufe, bei der
der Toast so schwarz wird, dass ihn sowieso
niemand mehr essen kann?

Haben Ihre Tränen schon mal gelogen?

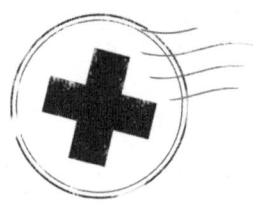

Sitzt Jobs nach seinem Tod auf einer iCloud?

*Wie viele Gäste waren auf Ihrer letzten
Geburtstagsparty, und woher wissen Sie,
dass es Ihre letzte war?*

Schon mal jemanden zur eigenen
Beerdigung eingeladen?

Welche Sorte Kämpfer sind Sie –
dafür oder dagegen?

Sie werden zum Papst gewählt –
welchen Namen suchen Sie sich aus?

Auge um Auge oder Zahn um Zahn?

Ist etwas schon vorbei, wenn es perfekt ist?

*Wenn etwas bestrickend ist,
wie viele Nadeln hat es?*

Wann ist ein Mann ein Mann?

Ab wann ist der Mensch ein Mensch?

Wenn Deutschland zur Tauschwirtschaft überginge, was könnten Sie einbringen?

Welchem Laster frönen Lkw-Fahrer?

Wie definieren Sie »verhaltensoriginell«?

Was ist der Unterschied zwischen links und rechts?

Wenn es an die Tür klopft und Gott davorsteht, was tut man da?

Für welches Problem wären Sie eine gute Lösung?

Ist Eigenbedarf per se egoistisch?

Aus welchem Stoff stellt man
Immobilien-Filz her?

Darf man nicht die Träume anderer träumen,
wenn man seine Träume leben möchte?

*Wo fühlen Sie sich eher beobachtet –
im echten Leben oder im Internet?*

Was ist der Unterschied zwischen Mut und
Zivilcourage?

Was ist leider geil?

Was ist wichtiger:
Weltbild oder Kontostand?

Welche Mode aus Ihren jungen Jahren vermissen Sie,
und warum ist es nicht Mode, wenn man es vermisst?

Luft besteht nicht aus nichts, warum
aber sieht man sie so selten?

Wer bin ich und wenn ja, wie viele?

Warum fällt das Brot immer auf die Marmeladenseite?

Fällt ein Mensch immer auf
seine Schokoladenseite?

Ab wann ist eine Person so wichtig, dass man
von einem Attentat statt von Mord spricht?

Wenn jemand ein Stück Land besitzt,
gehört ihm dann auch alles darunter
bis zum Erdmittelpunkt?

Funktioniert Ihr Verstand auch im Liegen?

Ein Chamäleon kann seine Hautfarbe an jede
erdenkliche Oberfläche anpassen – aber was passiert,
wenn man es vor einen Spiegel setzt?

Was ist schneller: das Licht oder die Finsternis?

**Wenn Sie bewusst scheitern wollen,
ist das zu schaffen?**

Haben Fische Durst?

Haben Pinguine Knie?

Warum ist die Black Box von Flugzeugen rot
und nicht schwarz?

*Wie nennt man eine Frage, auf die
es keine Antwort gibt?*

Hühneraugen am Kopf –
haben das wirklich nur Hühner?

Darf man in einer Hose auf
ein Rockkonzert gehen?

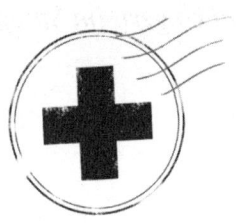

Warum muss man auf »Start« klicken,
um Windows zu beenden?

Hört man besser, wenn man sich eine Brille aufsetzt?

Wenn Schwimmen gut sein soll für die Entwicklung
von Armen und Beinen, warum haben Fische weder
Arme noch Beine?

Warum sehen wir auf alten Bildern
immer so jung aus?

Tragen Sie beim Blind Date Sonnenbrille?

Gucken Sie sich die verkehrte Welt
auch gern im Spiegel an?

Haben Bergleute eine eigene Hackordnung?

Haben Sie schon mal 'ne Mastgans gehisst?

Gibt es auch ein Erbe für Siebe?

Ist Ihnen schon mal was durchs Internet gefallen?

Wie kann man jemanden um den Finger wickeln?

Wo bin ich, wenn ich aus dem Schneider bin?

*Was passiert jemandem, wenn er
unter die Haube kommt?*

Sind Gartenzäune Holzschutzmittel gegen Nachbarn?

Konnten Sie in dieser Woche
der Lottofee etwas abgewinnen?

Schon mal beim Abspann erholt?

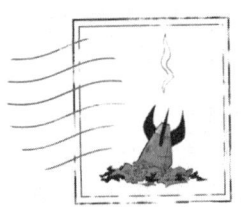

Was ist wichtiger, nett zu sein
oder wichtiger zu sein?

Wo fällt die Masche hin, wenn ich eine fallen lasse?

Was macht das Buch, wenn es Bände spricht?

**Bin ich ein schneller Wanderer,
wenn ich den Gipfel stürme?**

Warum muss man beim Fremdgehen zur Seite springen?

Warum gibt es in Flugzeugen Schwimmwesten statt Fallschirme?

Wenn Sie Ihren Computer hochfahren, wo kommen Sie dann an?

Was ist gleichzeitig hieb- und stichfest?

Was passiert mit einem Hohlkopf, wenn man ihn füllt?

Ist der Hahn tot, wenn man ihn zudreht?

Würde man mit einem Schwein telefonieren wollen, wenn es anruft?

*Warum steht man im Supermarkt immer
an der längsten Schlange?*

Ist gut gekotzt schon halb gefrühstückt?

**Kennt jemand in Zeiten der CDs und DVDs
noch Bandsalat?**

Wie oft konnte Noah angeln?

Ist ein Raumschiff, das ausschließlich mit
Frauen besetzt ist, eigentlich unbemannt?

*Was ist eigentlich die Mehrzahl
von »Mehrzahl«?*

Gibt es Rollstühle auch zum Klappen?

Haben Menschen, die behaupten, sich von
Kleinigkeiten nicht aus der Ruhe bringen zu lassen,
schon mal eine Mücke im Schlafzimmer gehabt?

Verdirbt Musik einem die schlechte Laune?

Wer keinen Plan hat, macht sich einen?

Schon mal an einer Gruppe übernommen?

*Können Aufbauhelfer Ost auch
im Westen abbauen?*

*Warum kann man die Brotzeit
nicht von der Uhr ablesen?*

Ist jeder Erziehungsberechtigte gut erzogen?

Warum haben wir nur noch selten Pagen in unserem Home, aber fast jeder eine eigene Homepage?

Warum haben so viele Solisten beim Konzert ein ganzes Orchester hinter sich?

Kann man Wasser verdünnen?

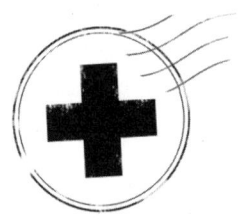

Was für 'n Scheiß!?

Zu flach, um wahr zu sein!

Hatte Ihr Schwimmlehrer auch
eine chlorreiche Vergangenheit?

Kommen kleine Leute nach einer
Steuererhöhung noch an ihr Lenkrad?

Ist der Chef immer der mit der größten Klappe?

**Schläft man automatisch tiefer, wenn
man dem Bett die Beine absägt?**

*Nennt man einen Bären, der schreiend
auf einer Kugel sitzt, Kugelschreibär?*

Zeigt Ihr Kino im Kopf alles in Dolby Surround,
wenn Sie sich umdrehen?

*Fallen Ihnen Frühaufsteher per se
auf den Wecker?*

**Und führe uns nicht in Versuchung,
sondern in die Unterführung?**

*Ist das schon ein Schimpfwort, wenn sich ein
Uhu im Sand versteckt?*

Ist der Grand Canyon wirklich nur deshalb
entstanden, weil dort mal ein Schotte fünf
Penny verloren hatte?

Wo wachsen Purzelbäume?

Verwendet man kaputte Glühbirnen, um sich
eine Dunkelkammer einzurichten?

Warum haben Automaten keine Räder?

Braucht, wer anderen eine Bratwurst brät,
auch ein Bratwurst-Bratgerät?

Taugt ein Taucher was, der nicht taucht?

Wie pustet ein feuerspeiender Drache
seine Geburtstagskerzen aus?

*Hat der Glatzkopf, der sich die Haare föhnt,
sich mit dem Schicksal ausgesöhnt?*

Schon mal Stretchjeansstrümpfe gesagt?

Wenn Sie ein Formel-1-Rennen gewinnen,
machen Sie dann auch die Playstation aus?

Haben Autofahrer, die einen Unfall verursachen,
meist selbst Schuld?

Was ist denn an der Losbude los?

Kann ein Löschblatt bei der Feuerwehr anfangen?

Ist mit Ranunkeln gut munkeln?

Gehören Klugscheißer aufs Klo?

Schon mal zu einer Flunder gesagt:
»Da biste platt«?

Hilft da noch ein Eimer Wasser,
wenn das Herz entflammt?

Ist eine volle Harddisk schwerer als eine leere?

Kann ein Friseur wegen fahrlässiger
Tönung angeklagt werden?

Ist die Milch fett, damit es beim Melken nicht quietscht?

Finden Sie Hundesteuer auch überflüssig, weil die mit
ihren Pfoten so was doch gar nicht bedienen können?

Warum kann man Automarken nicht ablecken?

Fährt man rückwärts gegen einen Baum,
verkleinert sich der Kofferraum?

*Gibt es so viele Ameisen, weil es nicht
so kleine Kondome gibt?*

Wollen auch Sie altern wie ein Zombie?

Zahlen Schnecken Miete für ihr Häuschen?

**Heißt der Lieblingssatz der Haie wirklich:
Mann über Bord?**

Kastriert man einen Kühlschrank,
wenn man die Eier herausnimmt?

Wacht eine Schlafdecke auch mal auf?

**Hört ein Schneemann schlecht,
weil er keine Ohren hat?**

Darf man sich im Standesamt setzen?

Sind Mülltonnen für jeden Dreck zu haben?

Sind alle Telefonnummern automatisch Primzahlen,
weil man sie nicht teilen kann – wer könnte mit
einer halben Nummer auch etwas anfangen?

Sind Fettnäpfchen mit Olivenöl bekömmlicher?

*Kriegt ein Engel,
der in einen Misthaufen fällt,
Kotflügel?*

***Hat ein Scharfrichter, der niemandem was
abschlagen kann, noch eine Zukunft?***

Sind sich Internet-Nutzer und Flugzeug-Flieger
in dem einen Punkt einig: Nie ein Fenster öffnen?

Darf man in einem Schaltjahr auch
einen Automatik fahren?

*Kann, wer Schmetterlinge lachen hört,
auch Wolken riechen?*

Schon mal 'ne Steuerhinterziehungserklärung gemacht?

**Hilft Ihnen Ihr Schienbein, im Dunkeln
die Möbel zu finden?**

Zeigt die Geschichte, dass es leichter ist, für eine geliebte
Frau zu sterben, als mit ihr zu leben?

*Bedeutet Helsinki auf Finnisch
tatsächlich Sonnenuntergang?*

Darf man als Golffahrer Polohemden tragen?

Haben Sie lieber eine Latte in der Hose
als ein Brett vorm Kopf?

Müssen Bigamisten tatsächlich doppelt
so viel schmutzige Wäsche waschen?

Laufen irgendwo tatsächlich Bonbons
durch den Wald – und wir sind nur zu blöd,
sie auch zu sehen?

Wenn man beim Griechen ein Wiener Schnitzel bestellt,
ist man dann schon ein wahrer Europäer?

Gibt es auch Klingelfrauchen?

Ist in Ihrem Schrank auch alles Jacke wie Hose?

Waschen sich Geiger die Hände
für einen sauberen Ton?

Heißt es in England: God save the screen?

**Enthält Nutella wirklich die wertvollsten
Zutaten aus vier Tafeln Schokolade?**

Haben Skilehrer gleitende Arbeitszeiten?

Sind Schnecken, wenn man sie verspeist,
ganz aus dem Häuschen?

**Wer auf den Anrufbeantworter summt,
hat einen Pieps?**

Sagen Müllmänner: Eimer geht noch?

Ist das schon eine Bärennummer, wenn man
sich vors Loch legt und brummt?

Sind Sie auch oft zu müde von der Arbeit,
um etwas zu arbeiten?

Werden beim Friseur alle Frauen über
einen Kamm geschoren?

Ist eine solide Grundlage schon eine tragende
Basis für ein sicheres Fundament?

Werden alle verkommen, wenn die Nachkommen mit
dem Einkommen der Vorfahren nicht auskommen?

Können Katzen von Muskelkater
Nachwuchs bekommen?

 **Sei schlau, bleib dumm?**

Wenn der Polizist sagt: Papiere, und ich
antworte: Schere, habe ich dann gewonnen?

111

Warum sind manche Mädchen am Aschermittwoch froh, dass die Tage vorbei sind, während andere ihre Tage gerne wieder hätten?

Nahm der Flugplatzspatz auf dem Flugplatz Platz?

Diktieren Sie Ihrem Computer auch gerne Wörter, von denen Sie nicht wissen, wie sie geschrieben werden?

Besser weit vorgebeugt als auf die Schuhe gekotzt?

Woran ist das Tote Meer gestorben?

Müssen Wachhunde auch mal schlafen?

Schon mal jemanden von der falschen Buchseite her angequatscht?

Ist es das Wichtigste an einer Autonummer, wenn man
keine Flecken ins Polster macht?

Hatten Adam und Eva einen Nabel?

Ist Ihnen ein dicker Chef lieber als ein dünnes Gehalt?

Sind Spinnen besonders umweltfreundlich,
weil sie beim Einkaufen ihr eigenes Netz
mitbringen?

Wo taucht man auf, wenn man sich weggelacht hat?

Bürsten weiße Spülbürsten besser
als schwarze Spülbürsten?

*Machen Fallschirmspringer nach der Landung einen
besonders heruntergekommenen Eindruck?*

Wenn ein Spanner stirbt, ist er
dann weg vom Fenster?

Sind Sie von Ihrer Geliebten lieber durch Welten und
Meere getrennt als durch Mauern und Stacheldraht?

Trauen Sie Ihrem Laptop auch nur so weit,
wie Sie ihn werfen können?

Sind Frauen die einzige Beute, die dem Jäger auflauert?

Hat das Gürteltier Glück gehabt,
nicht Hosenträgertier zu heißen?

Kann einem ein flacher Witz zu hoch sein?

Leben Verheiratete länger, oder
kommt ihnen das nur so vor?

**Wussten Sie, dass Hammerwerfer gar
nicht versuchen, einen Nagel zu treffen?**

Müssen Prostituierte Einkünfte aus
Liegenschaften versteuern?

*Als der Mensch entdeckte, dass Kühe Milch geben –
was tat er dann gerade?*

Sind Frauen, die oft Schönheitspackungen
verwenden, ganz schön angeschmiert?

Warum werden Zigaretten ausgerechnet an
Tankstellen verkauft, schließlich ist da doch
Rauchen verboten?

Gibt es Jägerlatein auf Dänisch?

Was soll das Verfallsdatum auf saurer Sahne?

Ist Muttersprache das, wenn Vater nichts zu sagen hat?

Sitzt der Fehler meist vor dem Gerät?

Wenn den Letzten die Hunde beißen,
sind die Hunde doch die Letzten, oder?

Warum wächst Baumwolle an Sträuchern?

*Steht bei Müllmännern auf der Fußmatte:
Herzlich müllkommen?*

Erkennt man einen neuen Computer daran, dass die
Aufschrift auf der Reset-Taste noch lesbar ist?

***Habe ich automatisch eine Ess-Störung,
wenn ich lisple?***

Erkennt man die Mischung aus einem Pitbull und einem Collie daran, dass der Hund einen erst beißt und dann Erste Hilfe holt?

Ist im Jägerschnitzel auch Jägerfleisch enthalten?

Sind es immer die Radfahrer mit den Fliegen zwischen den Zähnen?

Muss eine Schillerlocke zum Friseur?

Fliegen englische Flugzeuge links vom Tower?

Darf, wer Wurst heißt, auch seinen Senf dazugeben?

Haben Sie schon mal eine Wahrsagerin angelogen?

Ist ein Aftershave das Gegenteil von einem Vollbart?

Wie empfangen unbefleckte Kühe?

*Bezeichnet man einen Cowboy
ohne Pferd als Sattelschlepper?*

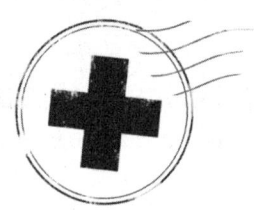

Hat Brüderle ein Schwesterlein?

Sind die Flitterwochen vorüber, wenn der Hund die
Pantoffeln bringt und die Frau einen anbellt?

Darf in der Einbahnstraße immer nur eine Bahn fahren?

*Glauben Sie dem Mann von der Versicherung alles,
nur nicht seine Versicherungen?*

Womit macht man den nächsten Schritt,
wenn man auf dem Fußabtreter war?

Erkennt man den Grabstein einer Putzfrau
an der Aufschrift: Sie kehrt nie wieder?

*Kastriert man einen Kühlschrank, wenn man
die Eier rausnimmt?*

Nennt man ein Porno-Casting auch Nagelprobe?

Braucht man für Musenküsse auch Zunge?

**Haben Sie schon mal zugegeben, dass etwas
auf Ihrem Mist gewachsen ist? Wirklich?**

Darf man sich beim Eheversprechen versprechen?

*Verschwindet ein Marmeladenfleck wirklich
vom Tischtuch, wenn man Tinte drübergießt?*

Haben Sie im Märzen dem Bauern schon
mal sein Röschen ausgespannt?

*Wie kann man nichts wissen,
wo man doch nichts weiß?*

*Haben Sie sich von den Stadtwerken
schon mal 'ne Abfuhr geholt?*

Was ist einer Laus über die Leber gelaufen,
wenn sie schlecht gelaunt ist?

*Es gibt Oberhemden mit kurzen Ärmeln,
aber wenn ein Unterhemd kurze Ärmel hat,
warum heißt es T-Shirt?*

Schon mal auf dem Klo
beschissen worden?

Wussten Sie, dass Glühlampen heller brennen, wenn
man sie vor dem Einschrauben aus der Verpackung
nimmt?

*Haben Sie auch ein völlig normales Gewicht,
sind dafür aber zu klein?*

Trösten Mülleimermütter ihren Nachwuchs:
Wenn du mal groß bist, wirst du ein Container?

**Sollte man niemanden heiraten, mit dem man
noch nie zuvor in einem Stau gestanden hat?**

*Ist das einzige Laub, das täglich kürzer wird,
der Urlaub?*

Heißen Teigwaren Teigwaren,
weil sie vorher Teig waren?

Gibt es in der Baumschule Haltungsnoten?

Ist es besser, die Frau des Freundes zu kennen, als den Freund der Frau?

 Wann ist eine Ulknudel gar?

Ist der Deckel vor der Toilettenbenutzung immer zu öffnen?

Lachen alle, wenn eine Stimmungskanone aus vollen Rohren schießt?

Ist das ein Zwischenfall, wenn man zwischen zwei Autos gerät?

Muss, wer sich nicht verliebt zur rechten Zeit, heiraten, was übrig bleibt?

Schon mal mit einem Erzfeind um Kohle gestritten?

*Heißen alle DJs wirklich Hank wie
in »Hank, the DJ«?*

**Wie behelfen sich Eltern von Vierlingen,
die nicht bis drei zählen können?**

Wenn ich am Strand eine schöne Frau anspreche,
die das doof findet, krieg ich dann einen Strandkorb?

*Können Glatzköpfe auch mal
eine Glückssträhne haben?*

Nennen Sie Ihre Toilette auch gerne
»Palast der Winde«?

Zeigt ein Softporno Kuschelsex?

*Ist es besser, hochschwanger zu sein
als niederträchtig?*

Wussten Sie, dass sich alte Sofas
immer mehr durchsetzen?

Haben Sie sich schon einmal einen Baum gelacht?

**Leiden Bäcker unter Abschiedsschmerz,
wenn sie den Teig gehen lassen müssen?**

Sollte ein magerer Straßenbahnfahrer
trotzdem ständig auf seine Linie achten?

Wenn Prostituierte heiraten,
wird dann mit Puffreis geworfen?

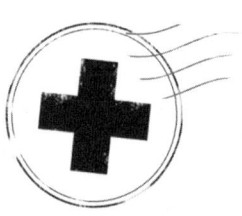

Darf man eine Tagesdecke auch nachts benutzen?

Sind Sie lieber fein raus,
als bis zum Hals drinzustecken?

Warum muss man im Freibad Eintritt bezahlen?

*Steht das Verfallsdatum bei Autos
auf dem Bodenblech?*

Investieren Sie auch gerne
in Klimaanlagen?

Wer später bremst, fährt länger schnell?

*Sind Uhren nicht irgendwann beleidigt,
wenn man sie ständig aufzieht?*

Gibt es auch kleine Großmütter?

Warum kennen viele Hobby-Mechaniker nicht den Unterschied zwischen flachlegen und tieferlegen?

Muss man einen vergoldeten Wanderpokal von Zeit zu Zeit überholen?

Kann man im Zeppelin zappeln, ohne dass er explodiert? Und zappen?

Frisst der Teufel in der Not auch beim Fliegen?

Gibt es auch altersungerechte Spiele?

Sind Aufnäher das Gegenteil von Abnähern?

Sind Sie lieber fernsehgeil als radioaktiv?

Sind Matten für die Matten?

Warum fühlt sich manche Krankenschwester auf Station wie im Stadion?

Was tankt eine Supernova?

Wäre in Ihren Augen eine Ehe auch ohne Ihre Frau unerträglich?

Kann es sein, dass, wer in den Zug kotzt, noch lange nicht bahnbrechend ist?

Sollte man bei faltbaren Kinderwagen das Kind vor dem Zusammenklappen entfernen?

Ich denk doch nicht rückwärts!?

… sonst wird mir noch das Wort
im Mund umgedreht!

Beim Rodeo schon mal 'nen Prinzipienreiter getroffen?

Dürfen Türsteher sich von Zeit zu Zeit setzen?

Können Robben von Robbenklippen kippen?

Wohin schaut ein Guckloch?

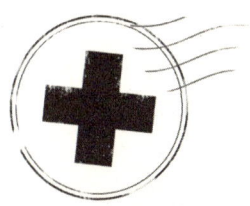

**Kommt nicht vorwärts, wer mit beiden
Beinen fest auf dem Boden steht?**

**Schon mal beim Tanzen was
indiscotabel gefunden?**

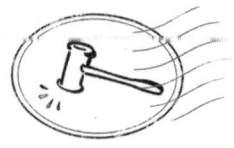

Erinnern sich die anderen besser an einen,
je mehr man sich vergisst?

*Kann man nicht nur jemanden behelligen,
sondern auch bedunkeln?*

Wie oft kann man sich eigentlich totlachen?

Sucht weiche, wer in festen Händen ist?

Riskiert den Kopf, wer den Verstand verliert?

Warum heißt es: Schlaumeier – und nicht: Schlaumüller?

Kann man auch kalte Luft reden?

Nennt man dicke Amerikaner wirklich Big-Amisten?

Ist ein Kreis nach der Quadratur noch rund?

*Werden Mitglieder von Spielmannszügen
am Ende ausposaunt?*

Wenn ein Nashorn Sie nasführt, sind Sie dann behornt?

Haben Schweine ein paar Spareribs zu viel?

*Ist ein Tourist erst ein Tourist,
wenn er auf der Tour isst?*

Darf man den Kopf hängen lassen, wenn
einem das Wasser bis zum Halse steht?

131

Können einem Digitaluhrträger auch auf den Zeiger gehen?

Ist Mumpitz amerikanischen Müttern vorbehalten?

Ist Antatschen ein Tatbestand?

Mit wem tauschen Sie Totschlagargumente straffrei aus?

Sind Astronauten All-wissend?

Schon mal die Rannte runtergetreppt?

Kennen Sie den Earl von Grey?

Kann man 'nem Findefuchs die Gans überhaupt stehlen?

Ist alles, was zwei Backen hat, ein Gesicht?

Schreibt man das so: Das ist, zum Clown, lustig?

Wenn zwei eine Auseinandersetzung haben,
dürfen sie auch nebeneinandersitzen?

Ist eine Badematte vom Schwimmen erschöpft?

Worauf spielen Zartbesaitete?

Schon mal einer Robbe hinterhergerobbt?

Können Seeräuber keine Kreise ziehen, weil sie Pi raten?

*Wenn es Spar-Vorteile gibt, warum
spricht niemand über Spar-Nachteile?*

Wer gerne kopfsteht, ist der verkehrt drauf?

Ist etwas, das flüssiger ist als Wasser,
tatsächlich überflüssig?

Woher weiß man, wo das eigene Bett schläft?

Was macht der Flip, wenn der Flop floppt?

*Haben Sie sich schon mal mit Zähnen und Klauen
gewehrt – und sind danach sofort zur Maniküre
gegangen?*

Erinnerungen sind wichtig, vergessen
Sie sie auch so schnell?

**Werden Sie in sich fündig, bevor
Sie aus sich herausgehen?**

Gehen Ameisen nicht in die Kirche,
weil sie Insekten sind?

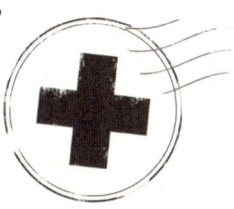

*Warum verirren sich Hühnchen
besser nicht in den Wienerwald?*

Gehört ein Zeugnis auf einen Notenständer?

Hat Ihr Hund die Leute auf dem Fahrrad gejagt,
bis Sie ihm das Fahrrad weggenommen haben?

*Bleibt einem geschlagenen Baum tatsächlich
nur noch Stumpfsinn?*

Wer rettet Radkäppchen vor dem bösen Golf?

*Lacht die Kassiererin in Ihrem Supermarkt
auch immer, wenn Sie was für 'nen Appel und
'n Ei kaufen wollen?*

Funktioniert Geburtenkontrolle im Kreißsaal?

Arbeitet ein vorausschauender Lackierer
an seinem Profi-Lacktisch?

Schon mal über einen Nasenzinken gezankt?

*Wie kann es sein, dass in so manchem Großstadt-
Kinderzimmer alles Kraut und Rüben ist?*

Kann man mit Dingen, für die man brennt,
richtig Asche machen?

Was macht ein Donnergott, wenn es gewittert?

**Ist eine veraltete Neuigkeit überhaupt
noch eine Neuigkeit?**

Sagt ein Elefant, kurz bevor ihn ein Auto trifft:
»Komm nur!«?

*Konsequent oder inkonsequent, das ewige
Hin und Her muss endlich aufhören?*

Ist ein Handybesitzer mit kaputtem Handy
ge-handy-capt?

Versucht man die Schweinegrippe durch
Säuchenkontrolle einzudämmen?

Kann man beim Italiener Eis-Hockey spielen?

Streichelt man ein Huhn,
weil man mal Ei machen will?

137

Nennt man das Fortbewegungsmittel eines geisteskranken amerikanischen Landwirts wirklich Psycho-farmer-car?

Sind Handschellen wirklich die effektivsten Abführmittel?

Hat Arbeit nicht mit Nichtstun zu tun?

Sind Akupunkteure für ihr ewiges Sticheln bekannt?

Heißt es neumodisch Burger und Games?

Sind Wanderameisen schneller als Wanderheuschrecken?

Heißt ein Geigenkasten auf Kubanisch Fidel Castro?

Wenn alle Stricke reißen – kann
man sich dann noch erhängen?

Haben Sie nach Schalentieren auch immer
so einen schalen Geschmack im Mund?

Erschrecken Schnecken, wenn
sie an Schnecken schlecken?

Wird in der Sauna nur Schwitzerdeutsch gesprochen?

Ist das schon ein Handicap, wenn man sich
sein Mobiltelefon auf den Kopf setzt?

*Wie breit ist ein Tag, wenn er
vierundzwanzig Stunden lang ist?*

Was haben Kälbermast und Schotbruch gemein?

Sind fünf Sonnenminuten im Alltag mehr wert
als ein Sonnentag im Urlaub?

*Was ist der Unterschied zwischen
einem Einbruch und einem Beinbruch?*

*Wenn etwas zum Kringeln ist, läuft
es für Sie dann gerade rund?*

Gibt es Su-shi auch for him?

Welches Teil kam vor dem Vorteil?

Schon mal versucht, in einem Hotel anzurufen,
das keinen Empfang hat?

Kriegt mein Dackel von deinem Dackel eins auf den
Deckel, wenn mein Dackel deinem Dackel eins auf den
Deckel gibt?

*Schon mal ein farbenblindes Rotkehlchen
gesehen und gesagt: »Hallo, du Amsel?«*

Ist Sugar nur ein Glukosename?

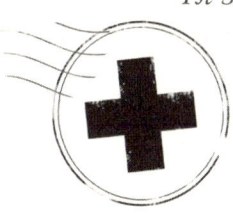

Fragt die Hose den Gürtel:
Hast du's jetzt endlich geschnallt?

Liegt der Unterschied zwischen Banker
und Bankier nur in einem i-Tüpfelchen?

*Ist abends rechts einschlafen das
Rezept gegen Frühlingserwachen?*

**Ist es bedenklich, wenn im Park ein
Goethe-Denkmal durch die Bäume schillert?**

Wird das Internet eigentlich leichter,
wenn man sich da was runterladt?

Hat Lukas je zurückgehauen?

Kann etwas Abgenutztes wirklich wie neu sein?

Heißt ein Kuhstall auf Ägyptisch Mubarak?

Ist ein Wintereinbruch strafbar?

Ist der offizielle Bugreport das
meistgelesene Computerbuch?

Ist unterm Tisch auch auf der Party?

Gehen Sie lieber gut ausgebildet ein,
als eingebildet auszugehen?

*Wenn alles so saukomisch ist, sind
Säue per se besonders lustig?*

Haben Sie lieber Tomaten auf den
Augen als Rosinen im Kopf?

*Wenn man Pasta und Antipasta isst –
ist man dann immer noch hungrig?*

Haben haarige Witze soooo lange Locken?

 Was verdeckt ein Verdeck?

*Schon mal vom Kauf eines Rucksacks
wieder abgerückt?*

Kann man auch im Dezember in den
Sommernachtstraum?

Müssen Pianisten im Akkord arbeiten?

Kann Altbewährtes zukunftsweisend sein?

Kann man von Abblendlicht geblendet werden?

Erhöht sich der Lichtschutzfaktor,
wenn man das Licht ausmacht?

Warum kommt Bratwurst vom Grill?

Ist Ihnen Kies in der Tasche lieber als Sand im Getriebe?

Kann man Strickleitern auch häkeln?

Warum liegt die Fernbedienung in der Nähe?

*Braucht man zum Schafescheren
besonders scharfe Scheren?*

Haben Geldmittel sooo 'nen Schein?

Was halten Sie vom kleinen Hummer zwischendurch?

*Warum fühlt man sich in einem
Unterstand nie überlegen?*

Steckt in Leberwurst Eber drin?

Wie schwer ist eigentlich ein Hologramm?

Muss der Vorstandsvorsitzende bei
Sitzungen stehen oder darf er sitzen?

Nehmen Sie 'nen Gartenführer mit in den Irrgarten?

Warum leben Meerschweinchen nicht im Meer?

Laufen Handläufe nur unter der Hand?

Ist Akku ein bayrisches Wort?

Sind Musterknaben kleinkariert?

Ist Ihnen ein dicker Bauch lieber
als gar nichts Herausragendes?

*Sind Sie im Schuhgeschäft der Verkäuferin
auf den Senkel gegangen?*

Hat man Ihnen auf der Bank schon mal gesagt:
Das hätten Sie sich ruhig sparen können?

Sagt das Messer zum Löffel: Die Gabel da,
spielt die mit gezinkten Karten?

Warum kommen verlorene Momente nie zurück?

*Kommen Unannehmlichkeiten
manchmal per Nachnahme?*

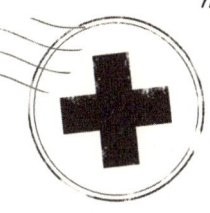

Braucht man für einen Intelligenzbolzen
einen Hammer?

*Was sagt es über meinen Beruf aus,
wenn ich einer Arbeit nachgehe?*

**Hat sich Ihr Spitzenpersonal schon mal
'nen Zacken aus der Krone gebrochen?**

Müssen Messervertreter Klingen putzen?

Kann man Falschaussagen wahrnehmen?

Ist diese Analogie schon zu porös?

147

Was ist das Gegenteil von Gegenteil?

Wo landen Sie, wenn Sie sich
wegschmeißen vor Lachen?

Sind betrübte Menschen undurchsichtig?

Wo befindet sich die Kehrseite vom Hexenbesen?

Kann ein Obdachloser Ge»wohn«heiten haben?

Kann man ein Buch mit sieben Siegeln lesen?

Heißt ASCII auf Österreichisch: ein Ski?

Gibt es einen Messerblock zum Abreißen?

Wo versenkt man einen Rettungsanker?

Kann man Wohl»wolle«n im Knäuel kaufen?

Wenn etwas gegen den Uhrzeigersinn geht,
ist es dann sinnlos?

Warum stellt das Amt keine Liegen auf,
wenn es schon Auflagen herausgibt?

Waren markante Gesichtszüge früher
mit Geld noch zu kaufen?

Sind Millionäre besonders eiweißreich?

Gehen intelligente Nutten auf den Gedankenstrich?

Lieber o. k. als k. o.?

Haben Sie auch so lange ein Motivationsproblem,
bis Sie ein Zeitproblem haben?

Wann ist man Anfang ranzig?

Helfen Hörgeräte gegen eine Taubenplage?

Warum geht ein Aufzug auch nach unten?

Ist die Benutzeroberfläche die Haut eines Anwenders?

*Ist der Nachteil beim Nichtstun wirklich,
dass man nie weiß, wann man damit fertig ist?*

Haben Sie sich aus einem Urinstinkt heraus
schon mal in die Hose gemacht?

Wer wird bei Verbrauchermessen ausgestellt?

Hör ich da ein leises Mutti?

Würden Sie den EDV-lern in Ihrem Bekanntenkreis auch gerne zuflüstern: Echte Frauen haben kein .jpg in ihrem Nachnamen?

Heißt »Come in and find out« wirklich:
Komm rein und find wieder raus?

Ist der Eisengehalt im Rostbraten höher als im Spinat?

Welcher DJ dreht am Geschmacksverstärker?

Was ist ein Charakterei?
Und was sind Genschaften?

Heißt der Gebäudetrakt mit dem
Pool immer Schwimmflügel?

Schon mal vor 'nem Fliegenschiss Angst gehabt?

Ist »analog« ein anderes Wort für:
Anna hat nicht die Wahrheit gesagt?

Machen Sie bei einer Überschlagsrechnung
lieber Saltos oder Flipflop?

Wie heißt der Werwolf, wenn
seine Identität geklärt ist?

Heißt »I think I spider« wirklich:
Ich glaube, ich spinne?

**Ist eine Lüge nur eine sachzwangreduzierte
Ehrlichkeit?**

Wie bringt man Schwarzgeld von Weißenburg nach
Rothenburg ob der Tauber? Über Blaubeuren oder
Braunschweig?

Brauchen Latin-Lover das große Latinum oder reichen Französischkenntnisse?

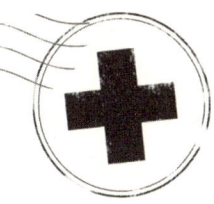

Haben alle Vögel Wasser unterm Kiel?

Ist Ihnen eine ruhige Pause lieber als pausenlose Unruhe?

Gibt es in einer Teefabrik Kaffeepausen?

Geht ein Hacker am See wirklich phishen?

Begeht man Fehltritte immer mit den Füßen?

Haben Besitzer eines Survival-Messers wirklich alles im Griff?

Beantwortet die große Kerze die Frage der kleinen
Kerze, ob Durchzug gefährlich sei, mit den Worten:
»Davon kannst du ausgehen«?

*Können sich Eltern, die sich mit ihrer
Tochter verkracht haben, überhaupt
irgendwann mit ihr versöhnen?*

Wie viele Anhalter verträgt eine Galaxis?

Darf man mit einem Kugelschreiber
auch Würfel oder Pyramide schreiben?

Wenn die Stiftung Warentest Vibratoren testet,
ist dann »befriedigend« besser als »gut«?

*Ist ein freier Platz zwischen zwei Ständen
auf dem Weihnachtsmarkt eigentlich
eine Marktlücke?*

Muss auf Schiffen der Ofen, in dem die Brötchen gebacken werden, immer links stehen, bloß weil da Backbord ist?

Warum stinkt ein Schifferklavier nach Urin?

Wie lautet eigentlich die Amerikanische Botschaft?

Warum werden Rundschreiben in einem eckigen Umschlag verschickt?

Darf sich jemand, der sich im Ruhestand befindet, wenigstens nachts hinlegen?

Wenn tagsüber nicht Nacht ist, wann ist dann »zu nachtschlafender Zeit«?

Ist Regenschauer ein Beruf?

**Wie viele Enten kommen auf einen
Quadratmeter Entengrütze?**

Gibt es auch eine Hieroglyphe für das Wort »da«?

*Warum wird man immer nur mit den negativen
Dingen konfrontiert und nie mit den positiven?*

Ist Schwachsinn unser achter Sinn?

Wer ist denn hier besteuert?

Lieber ein bunter Arsch als ein brauner Haufen?

*Wenn Fliegen hinter Fliegen fliegen,
fliegen dann Fliegen Fliegen hinterher?*

Aus welchem Material ist eine Holz-Eisenbahn?

Ist ein Keks, der unter einem Baum liegt,
nicht ein wunderbar schattiges Plätzchen?

Haben Sie einem Kotzbrocken schon
mal 'ne Spucktüte angeboten?

Braucht man das große Latinum,
um mit dem Römertopf zu kochen?

Heißt es im All: Immer der NASA nach?

Warum lässt man Versprechen raus, statt sie einzuhalten?

Heißen alle Bienen mit Vornamen Umkleideka?

Ist zu früh auch unpünktlich?

Ist Schabenfreude die beste Freude?

*Haben Fische Schuppen, damit sie
ihre Fahrräder abstellen können?*

Haste 'n Ball im Tor
oder was!?

Als die Welt noch rund war …

Warum gibt es im Frauenfußball Mannschaftsgeist?

**Trinken Finnen gerne
Ale zum Fin»ale«?**

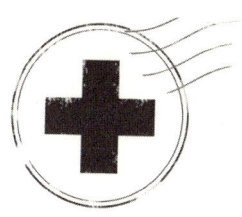

*Ist das typische Getränk der Fußballer deshalb
Kaffee, weil es heißt: Olé?*

Beim Fußball schon einmal Anstoß erregt?

**Ist der Unterschied zwischen einem Fußgänger
und einem Fußballer, dass der Fußballer immer
bei Rot gehen muss?**

Sind Sie schon einmal »aus«gepfiffen worden?

Schon mal zu Hause Heimvorteil gehabt?

Kann, wer alles unter der Decke hält,
den Ball flach halten?

Geht in die Abseitsfalle, wer versucht, sie zu erklären?

*Warum gibt man Fankurven beim
Fußball nicht in Körbchengrößen an?*

Wer hat mehr Paar Schuhe,
ein Fußballer oder eine Frau?

Wer hat mehr Stollen, ein Bergmann
oder ein Fußballspieler?

Warum heißt es Fanmeile und nicht Fankilometer?

Ist das der Gipfel für die Stürmer,
wenn sie übern Rasen rasen?

Sehen Sie auch so oft »rot« beim Spiel?

Ist Tooooo das am meisten unvollendete Wort?

*Warum lassen sich Fußballspieler
auch mal anpfeifen?*

Ist auf dem Rasen besser als unterm?

Wer da, Bremen?

Ist es immer Abseits, wenn der Schiri pfeift?

Warum stoppt der Vorstopper nicht, bevor er stoppt?

Wer bringt beim Tor-Aus das Tor raus?

*Was tun, wenn die Männer in der Viererkette
nicht bis drei zählen können?*

Wo ist auf einem Fußballfeld
der Gipfel für die Stürmer?

Ist ein BH der bessere Torwart,
weil er zwei Bälle gleichzeitig hält?

*Sieht man den auf dem Flachbildschirm noch,
wenn der Spieler den Ball flach hält?*

Schon mal den Torwart bewacht?

Wer weiß, wo der Schiri sein Auto stehen hat?

Wer bringt den Schiedsrichter zum Rasen?

**Gehen auf dem Amt mehr Pässe ins
Leere als auf dem Fußballplatz?**

Dürfen nur gut betuchte Spieler auf
die Großleinwand übertragen werden?

*Ist man mit Gelb noch gut bedient –
oder sollte man gleich das Geld nehmen?*

Darf ein Rechtsaußen den linken
Innenrist hinhalten?

Was ist schon eine Notbremse?

Worin genau ist ein Rasenmeister Meister?

Wie genau steht ein einzelner Spieler kompakt?

Mit welcher Waffe schießt ein Meisterschütze?

Darf ein Fußballspieler ein gutes
Händchen haben?

Warum erfolgt ein Frontalangriff häufig hinterrücks?

Schon mal über den Kampf ins Spiel gefunden?

Was haben Möbelwagen auf dem Spielfeld zu suchen,
die mancher Spieler angeblich nicht einmal mit
verbundenen Augen trifft?

Was haben Weltmeister und Waldmeister gemeinsam?

Warum nennt man tiefe Tritte oft hohen Einsatz?

Wer isst Stollenschuhe
zu Nikolaus?

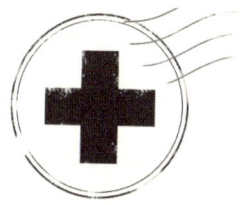

Welches Tor hätte sogar Ihre Oma gemacht?

Können Robben wirklich keine Tore schießen?

*Nennt man Laien mit begrenztem körperlichem
Aktivitätslevel am Spielfeldrand auch Trainer?*

Schon mal dem Zeugwart am Zeug geflickt?

Kann man hier mal unbedrängt ein Tor schießen?

Spricht ein Stadionsprecher für oder mit dem Stadion?

**Bekommen Spieler mit breiter Brust mehr Geld,
weil ihre Werbefläche größer ist?**

Kann man beim Fußball eine runde Leistung zeigen?

**Stecken Fußballpieler den Kopf in
den Rasen statt in den Sand?**

Sind Fußballspieler meist körperlich
wie physisch topfit?

Ist es beim Fußball besonders schlimm, wenn man kein
Glück hat und dann auch noch Pech dazukommt?

*Wenn viele Spieler auf dem Rasen liegen,
hat der Platz dann Rasenheizung?*

Gewinnt höher, wer den Ball flach hält?

**Wem nützt die schönste Viererkette, wenn
sie nicht auf dem Rasen unterwegs ist?**

Bleibt den Spielern weniger Zeit,
je länger das Spiel dauert?

Ist ein Regionalligator eine Panzerechse –
oder doch nur ein Erfolg beim Fußball?

Schon mal 'nem Schiedsrichter hinterhergepfiffen?

 **Wie genau deuten sich Tore an?**

*Verfolgen die Zuschauer im Lungensanatorium
atemlos das Spiel?*

Gibt's für Schönspielen auch im
Frauenfußball wirklich keine Punkte?

*Wenn es 1:1 steht, hätte es dann nicht
auch umgekehrt laufen können?*

Können Sie im Konzertsaal über die Flügel spielen?

Schon mal ein Spiel der Kickenbacher Offers gesehen?

Ist Vergangenheit over?

Sieht der Spieler bei einer Bananenflanke automatisch gelb?

Spielen Fußballspieler, die den Ball versenken, eigentlich Golf?

Haben Sie auch den Eindruck, dass immer mehr Spieler körperbetont sind – statt körperbetont zu spielen?

Ist ein Tritt zwischen die Beine ein Lattenknaller?

Zählen im Fußball nur Tore die Tore?

*Heftiger Körpereinsatz ist nur ein
schöner Ausdruck für Foul?*

*Hat es für Spieler in Hamburg etwas Gutes,
sich Punkte in Flensburg zu sichern?*

Warum haben Fußballer auch bei Nachtspielen
eine gute Tagesform zu haben?

Üben Fußballspieler das Absteigen
wirklich auf Fahrrädern?

Warum hilft da keine Fernbedienung, wenn die
Spieler mal schneller umschalten sollten?

*Ist ein Fußballspieler fair, der den Gegner
nach dem Foul im Krankenhaus besucht?*

Stimmt es, dass so mancher Fußballspieler
erst bei Petrus das Tor gefunden hat?

Hat schon mal jemand die rote Karte aberkannt bekommen?

Warum haben die Spiele heute so gut wie nie neunzig Minuten?

Gibt es im Bauhaus Ecken zum Selberbauen?

Erkennt man einen guten Fußballer daran, dass er weiß, wo das Tor steht?

Ist der Platz schlecht gewartet, wenn die Spieler extrem tief stehen?

Stimmt es, dass Fußball erstmals im Alten Testament erwähnt wird, wo es heißt: »Sie trugen seltsame Gewänder und irrten planlos umher?«

Eine betont defensive Haltung kann auch Erfolg bringen – allerdings nicht beim Fußball?

Bilden elf Spieler hintereinander einen Flaschenzug?

Kann man mit diesem Satz immer punkten:
Ein Tor würde dem Spiel guttun?

**Stimmt es, dass Zweitligisten automatisch
eine zweistellige Anzeigentafel haben?**

*Warum plätschern so viele Spiele vor sich hin,
auch wenn es nicht regnet?*

Hat schon mal ein Fußballspieler die rote Karte
gesehen, weil er zu lange auf demselben
Regenwurm gestanden hat?

Warum gehen manche Spieler dahin, wo es weh tut?

*Kann eine Mannschaft noch auf den Platz,
die vorher das Gras geraucht hat?*

Warum heißt es in der Gruppenphase, dass jeder jeden schlagen kann, wenn der Schiri alles abpfeift, was nach Foul aussieht?

Betoniert man dort den Rasen, wo das Niveau der Spieler nicht weiter sinken soll?

Wenn ein Schneeball ein Ball aus Schnee ist – was ist dann ein Fußball?

Ist der Unterschied zwischen einem Bankräuber und einem Fußballspieler wirklich, dass der Fußballer sagt: »Geld her, oder ich schieße nicht«?

Wo liegt sie denn, wenn es heißt: Die Null muss stehen?

Sind Fußballstadien überdacht, weil Glücksspiel unter freiem Himmel verboten ist?

Gibt es psychologisch günstige Momente,
um ein Gegentor zu kassieren?

Ist ein Freistoß wirklich Sex ohne Bezahlung?

Warum siegen manche mit der Brechstange?

Stimmt die Feststellung: Doping im Fußball
bringt nichts, das Zeug muss in die Spieler?

Schnupfen Fußballspieler die Linien?

Macht, wer eine Ecke kriegt, dort eine Pizzabude auf?

Hat, wer sich selbst liebt, wenigstens einen Fan?

Ist ein Fußballer, der Standardsituationen
gut meistert, auch nur Standard?

173

*Heißt » When the shit hits the fan« übersetzt
tatsächlich: Wenn die Scheiße den Fan trifft?*

Gibt es beim Frauenfußball Manndeckung?

**Das Gegentor kassieren, macht das
immer der Schatzmeister?**

Spielen eingewechselte Spieler wie ausgewechselt?

Fühlt sich der Ball anders, wenn ein Spieler
viel Ballgefühl hat?

*Beißen den Tabellenletzten die Hunde –
und was haben die auf dem Platz verloren?*

*Kann wer ein 0:2 kassiert, wirklich
kein 1:1 mehr spielen?*

Ist der Ball platt, wenn aus
einem Spiel die Luft raus ist?

Wer denkt die ganze Zeit an die Halbzeit?

Wurde schon mal eine Mannschaft
vom Pech begünstigt?

**Wenn der Trainer hinter der Mannschaft steht,
muss er während des Spiels vom Platz?**

Wurde schon mal ein Schiedsrichter hingerichtet?

*Beim Kopfballduell schon mal
die Waffen getauscht?*

Wie viel Gold steckt beim Golden Goal im Tor?

175

Wird ein Fußballspiel durch die Anwesenheit
der zweiten Mannschaft unnötig kompliziert?

Warum haben Schiedsrichter keine Jurakenntnisse?

Fährt Oliver Kahn gerne Boot?

*Kommen Ihnen Witze über Manuel Neuer
auch immer so alt vor?*

Was ist los?

Als Fragen noch Antworten hatten …

Was ist süß, blöd und klein? Ein Dummibärchen.

Was hat Spaß, jemanden zu stechen, und wächst auf der Wiese? Eine Sadistel.

Was ist grün und auf der Flucht? Ein Essig-Schurke.

Was ist fettig und übernimmt den Haushalt? Ein Diener Schnitzel.

Was hängt am Baum und späht durchs Fenster? Ein Spannzapfen.

Was liegt am Strand und spricht undeutlich? Eine Nuschel.

Was ist orange-braun und lecker? Ein Frischstäbchen.

Was ist groß, aus Metall und sagt nur langweiliges Zeug? Ein Phrasendrescher.

Was ist blau, taucht ins Meer und hat einen Stimmbezirk? Ein Wahlmann.

Was ist braun und taucht tief ins Meer? Ein U-Brot.

Was ist weiß, leicht und hat Pusteln? Die Syropocke.

Was ist rot, liegt in einer Konservendose und spielt Musik? Eine Radioli.

Was ist schwarz-weiß und hüpft von Eisscholle zu Eisscholle? Ein Springuin.

Was ist orange-rot und riskiert alles? Eine Mutorange.

Was ist haarig und liegt in der Pfanne?
Eine Bartkartoffel.

Was ist grün, glücklich und hüpft von
Grashalm zu Grashalm? Eine Freuschrecke.

Was ist beige, klebrig und läuft in der Wüste herum?
Ein Karamel.

Was ist rot und steht nachts am Straßenrand?
Eine Hagenutte.

Was hängt besoffen um den Hals? Ein Schwips.

Was klettert auf den Berg und ist orange?
Eine Wanderine.

179

Was ist rot und sitzt auf der Toilette?
Eine Klomate.

Was ist braun, knusprig und spaziert
durch den Wald? Das Brotkäppchen.

Was ist braun, süß und läuft durch den Wald?
Eine Joggolade.

Was ist orange und guckt durchs Schlüsselloch?
Eine Spanndarine.

Was ist braun und saust übers Meer?
Ein Surfbrot.

Was ist braun und fährt im Winter die
steilsten Hänge runter? Ein Snowbrot.

Was ist violett und kniet vorne in der Kirche?
Eine Frommbeere.

**Was ist gelb, fettig und ins Gebet vertieft?
Ein Fromm-Frites.**

Was ist braun und hinter Gittern? Eine Knastanie.

Was ist grün und guckt durchs
Schlüsselloch? Ein Spionat.

Was ist bunt und rennt weg? Ein Fluchtsalat.

*Welcher Vogel hängt vorne an einem
betrunkenen Elefanten? Eine Schnapsdrüssel.*

**Was ist eckig, gesund und permanent
schlecht drauf? Ein Schmollkornbrot.**

Was ist niedlich, hüpft über die Wiese und raucht? Ein Kaminchen.

Was ist hellbraun und schwingt sich von Torte zu Torte? Ein Tarzipan.

Was ist weiß und ruht in der Wiese? Ein Schlaf.

Was ist grün, dick und radelt herum? Eine Velone.

Was ist jung, rosa und schwimmt gern? Eine Meerjungsau.

Was ist grau, groß und ruft aus Afrika an? Ein Telefant.

Was ist grün und pocht an die Tür? Ein Klopfsalat.

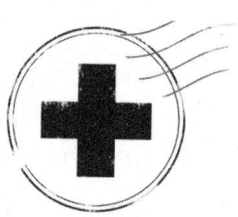

Was ist bunt, viereckig und hat Noppen?
Ein Legostheniker.

Was ist grün, klein und rund und liegt tot
im Kartoffelbrei? Eine Sterbse.

Was ist rot und kommt den Berg herunter?
Ein Rollerdieschen.

Was ist gelb und sitzt neu am Konferenztisch?
Eine Paprikantin.

Was ist grün und hat ein Kopftuch auf? Eine Gürkin.

Was ist weiß, gesund und springt durch den Wald?
Ein Jumpignon.

Was ist schlecht gelaunt und liegt am Strand?
Eine Miesmuschel.

Was ist rosa, quiekt und wird beim Hausbau
gebraucht? Ein Ziegelschwein.

Was ist schwarz-weiß und hängt fest? Ein Klebra.

**Was ist rot, rund und hat ein Maschinengewehr?
Ein Rambodieschen.**

Was ist orange und tiefergelegt? Eine Mantarine.

Was ist gelb, krumm und schwimmt im Wasser?
Eine Schwanane.

Was ist weiß und ragt traurig aus der Erde?
Ein Trübchen.

*Was ist orange und kann nicht stillsitzen?
Ein Zappelsinchen.*

Was strahlt hell und steht beim Metzger neben dem Bett?
Eine Schlachttischlampe.

Was ist orange und zerstört alles?
Ein Vandalinchen.

Was ist braun, hat Riemen und zertritt alles?
Eine Vandale.

Was ist gelb und flattert im Wind? Eine Fahnane.

Was ist braun, zäh und fliegt nur nachts?
Eine Ledermaus.

Was ist schwarz-weiß, macht Muh und
hilft beim Ausziehen? Ein Kuhlöffel

Was ist gelb, fettig und bekifft?
Ein Bong-Frites.

Was ist braun und baumelt am Baum? Ein Hänguru.

Was ist gelb und schießt? Eine Banone.

Was ist gelb und hat eine Schaufel?
Ein Bananagger.

**Was ist gesund, orange und hat eine Antenne
mit Fuchsschwanz? Ein Mantarinchen.**

Was ist grün, stark geschminkt und steht
am Straßenrand? Eine Froschituierte.

Was schiebt die Seniorin, und der Senior
steht drauf? Ein Rollerator.

Die ham den Schuss nich gehört?

Auch Fragen können politisch unkorrekt sein

Kriegen die Griechen Sonnenbrand,
wenn wir den Schutzschirm zumachen?

**Was wird aus einem leichten Mädchen,
wenn es zunimmt?**

Ist ein Sprengsatz auf Arabisch besonders explosiv?

*Ist es Zufall, dass Vogelscheuchen
immer Männer darstellen?*

***Warum steckt in jedem
Kaufrausch eine Frau?***

Heißt ARD wirklich Allgemeine Rentner-Domäne?

Können Einäugige auch mal ein Auge zudrücken?

Befindet sich bei den Indern die Toilette
immer am Ende des Ganges?

Warum sind Sterne massereich und
Frauen einfach nur dick?

Gibt es eingefleischte Vegetarier?

*Schmeckt Spinat am besten, wenn man ihn vor
dem Verzehr durch ein großes Steak ersetzt?*

Sind nur deshalb so viele Rentner nicht im Internet,
weil sie ihr Passwort vergessen haben?

Sind Ex-Frauen per se teurer als Ehefrauen?

Muss ein Mann im Schlaf sprechen, wenn er will, dass jemand ihm zuhört?

Kriegt man beim bayrischen Bäcker
öfter eine reingesemmelt?

**Hat ein Huhn keinen Busen, weil der
Hahn keine Hände hat?**

Warum brauchen Kirchen einen Blitzableiter?

*Warum kann man sich auch mit langen Haaren
umgangssprachlich die Glatze polieren?*

Ist man länger tot, wenn man früher stirbt?

*Sagt man rüstige Rentner, weil sie so gut
ausgerüstet sind: Herzschrittmacher, künstliche
Linsen und Hüftgelenke, Gehhilfe, Rollator?*

*Sind Jungs wie Schokolade, nur weil sie
süß sind und dick machen können?*

Beten Elektriker zu »ihr da ohm«?

Gibt es im Massagesalon auch Zwerchfellmassagen?

Wird Sand teurer, wenn man Politiker
in die Wüste schickt?

*Kaufen Einarmige am liebsten im
Second-Hand-Shop ein?*

Heißen dicke Vegetarier im Volksmund Biotonnen?

*Werden Hummeln von Bienen gemobbt,
weil sie so dick sind?*

Gibt es bei Suchtberatungen Raucherpausen?

Welche Haarfarbe findet man im
Personalausweis eines Glatzköpfigen?

**Wer die Wahl hat, hat die Qual, aber hat,
wer die Wähler hat auch die Quäler?**

Wenn sich ein Schwarzseher etwas weismachen
lässt, bekommt er dann den grauen Star?

*Warum benutzt man für die Todesspritze
in den USA sterilisierte Kanülen?*

Haben Sie schon mal bei den Weight Watchers
angerufen – und keiner hat abgenommen?

Gilt der Spruch nur für über Siebzigjährige im Straßenverkehr: Ich habe die Kraft der zwei Gänge?

Der Mensch ist eine Weiterentwicklung des Affen – warum gibt es dann noch Affen?

Haben Analphabeten genauso viel Spaß mit einer Buchstabensuppe?

Fährt der Bergmann am Ende seines Lebens in die Grube?

Bremsen Inder auch für Rinder?

Bei wem haben Männer das Leiden gepachtet?

Trauen sich deshalb viele Rentner nicht zur Wahl, weil sie nicht vor einer Urne stehen möchten?

Dürfen Vegetarier Schmetterlinge im Bauch haben?

Sagen die Nordkoreaner wirklich:
Geteiltes Land ist halbes Land?

Wieso fragen Männer nie nach dem Weg –
und haben trotzdem ein Tomtom erfunden?

Muss man viele Frösche küssen,
bis man einen Prinzen findet?

Stimmt es, dass tagtäglich Rentner spurlos im
WWW verschwinden, weil sie leichtfertig »ALT«
und »Entf« drücken?

Drücken die bei Essen auf Rädern aufs Gaspedal,
wenn man Fastfood bestellt?

Warum nennt man einen Mann, der Frauen schmutzige Sachen sagt, einen Sexisten, während eine Frau, die Männern schmutzige Sachen sagt, einen Euro pro Minute kriegt?

Warum herrscht nach Selbstmordattentaten keine Bombenstimmung?

Warum hinkt der Vordere Orient bei der Entwicklung hinterher?

Welchen Rahmen braucht ein Weibsbild?

Geht dem Elektriker am Ende seines Lebens das Licht aus?

Warum wollen so viele Menschen, dass ihr Buch verlegt wird, sie können es doch auch einfach wegwerfen?

Kann man auch Menschen rekru»tier«en?

Warum beschweren sich alle über Beamte,
die tun einem doch nichts?

*Pfeifen Musiker am Ende ihres
Lebens aus dem letzten Loch?*

Kommt ein Seiteneinsteiger immer durch die Hintertür?

Gibt ein Koch am Lebensende den Löffel ab?

Kann man auch mit Bekannten fremdgehen?

Lieber alternativ als alt und naiv?

Predigen Befreiungstheologen an FKK-Stränden?

Kehren Schornsteinfeger am Lebensende nie wieder?

*Werden aus Jungdemokraten
irgendwann Altsozialisten?*

*Trinken Franzosen Wein und
Deutsche Bier, damit man sie schon
an der Fahne erkennen kann?*

Was haben Bayern unter der Lederhose?

Sind die Schotten unterm Rock kleinkariert?

*Schiebt ein Kegler am Ende
seines Lebens die letzte Kugel?*

***Kann das wirklich sein, dass Eskimos
mit Essstörung Kimonos genannt werden?***

Muss man ein Monster mit zwei
Köpfen zweimal grüßen?

*Führen Frauen so häufig Selbstgespräche,
weil sie glauben, ihre Männer hörten zu?*

Ist der Leibwächter von Bin Laden ein Ladenhüter?

Heißt die Weltmeisterschaft der Exhibitionisten
wirklich Trench Open?

Tauchen Taucher am Lebensende einfach weg?

Essen fromme Kannibalen freitags Fischer?

Werden Putzfrauen nach dem Tod zu Staub?

Haben blinde Eskimos Blinden-Schlittenhunde?

*Wenn Chinesen auf Hochzeiten Reis werfen,
werfen Mexikaner dann Kakteen?*

Beißen Gärnter am Ende ihres Lebens ins Gras?

Liegen Schaffner kurz vor dem Tod
in den letzten Zügen?

**Ist es Blasphemie, wenn man das ewige
Licht in der Kirche auspustet?**

Wo befindet sich bei einem Riesen das Zwerchfell?

 *Schlägt dem Uhrmacher das
letzte Stündchen?*

Steigt der Papst am Lebensende beruflich auf?

*Wird man alt, wenn man lieber ins
Fotoalbum schaut statt in den Spiegel?*

*Wenn Lügen kurze Beine haben,
sind dann alle Lügner kleinwüchsig?*

Geht der Mathematiker am Ende
seines Lebens gegen unendlich?

So 'nen Bart!?

Fragen, frisch aus dem
Redensarten-Schredder

Es gibt viel zu tun, fangt schon mal an?

Ist ein Korinthenkacker zu klein für Rosinen?

**Werden die meisten Hühner schon
als Eier in die Pfanne gehauen?**

Der Apfel fällt nicht weit vom Pferd?

Sollte sich im Dunkeln ausziehen,
wer im Glashaus sitzt?

*Ist das Einzige, was uns hier noch hält,
die Erdanziehungskraft?*

*Ist bei Ihnen auch die kürzeste Verbindung
zwischen zwei Punkten ständig wegen
Bauarbeiten gesperrt?*

Ist noch kein Meister vom Himmel gefallen? Und bei
einem Flugzeugabsturz? Bleiben die dann oben?

Ist es nachts kälter als draußen?

Eine gebratene Taube hackt der
anderen kein Auge aus?

*Die Schrippe wird nicht so heiß gegessen,
wie sie gebacken wird?*

Friert nicht ständig, wer sagt:
Was ich nicht weiß,
macht mich nicht heiß?

Ist jeder Fette Beute des Wahnsinns?

Schande auch, haben Sie Ihre Lauscher an der Wand?

Sagt die Katze:
»Morgenstund hat Goldfisch im Mund?«

**Fehlen Ihnen zum Schweigen
auch oft die passenden Worte?**

Heißt es: Jedem das seine, mir das meiste?

*Trägt der Schuster die schlechtesten Schuhe,
weil er bei seinen Leisten bleibt?*

Sind Maggiflaschen kleiner, weil
in der Kürze die Würze liegt?

Gibt der Klügere erst nach, wenn er merkt,
dass er der Dümmere ist?

Geht es mit dem Fahrrad schneller als durch den Wald?

Sage ich, was ich denke,
damit ich höre, was ich weiß?

Haben Sie schon mal 'ne Kuh vom Eis geholt?

 Wie cool ist das denn?

Haben Sie Ihr Schrot sauer verdient?

Ist Ihr Holzauge auch fein wachsam?

Ist nicht alles Volt, was strömt?

Sind Sie schon vom Hundertwasser
zum Tausendsassa gekommen?

Will Ihnen der Grill auch nie aus dem Kopf?

Muss, wer A sagt, bis zum Z durchhalten?

Ist, wer Ordnung hält, nur zu faul zum Suchen?

Haben Sie schon mal jemanden mit
dem Klammerbeutel gepudert?

Schaut man einem geschenkten
Barsch nicht hinter die Kiemen?

Schon mal davorgestanden wie ein
Schwein vorm Uhrwerk?

Hat Morgenstund Blei im Arsch?

Schon mal geguckt wie 'n Auto, wenn's donnert?

Wird da der Hund in der Pfanne verrückt?

Stehn Sie auch da wie Otto ohne Uhr?

**Trifft den Elektriker beim Anblick seines
Gehaltszettels leicht der Schlag?**

Ist alte Liebe aus Edelstahl, wenn sie nicht rostet?

Wie viel wiegt aller Anfang wirklich?

Wenn man jemanden wie ein rohes Ei behandelt,
haut man ihn dann schneller in die Pfanne?

Ist, wer nach allen Seiten offen ist, nicht ganz dicht?

*Wenn Alter vor Schönheit geht,
was kommt nach?*

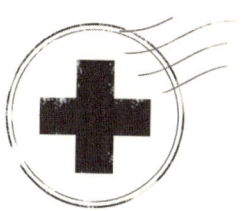

Haben Sie bei aller Vorsicht schon einmal eine
Mutter in einer Porzellankiste erwischt?

**War nicht jeder, der aus dem Rahmen fällt,
vorher im Bilde?**

Trinken Sie beim Abwarten auch Tee?

Erspart die Axt im Haus den Kaiserschnitt?

Wenn das Leben kein Ponyhof ist, warum
gehen Mädchen dann so gerne reiten?

Fasst sich mancher an den Kopf und greift ins Leere?

Fällt bei manchen der Groschen heute centweise?

Ärgere deinen Nächsten wie dich selbst?

Erntet der dickste Bauer die dümmsten Kartoffeln?

Fängt sich der frühe Vogel eine?

Ich hab grad Zeit, wo gibt es nichts zu tun?

Sollte, wer die Flinte ins Korn wirft, aufpassen,
dass er kein blindes Huhn damit erschlägt?

Kann man auch kalte Luft reden?

Wie viele Gehirnzellen verbrennen
bei einer zündenden Idee?

Sprach Abraham zu Bebraham:
Kann ich mal deinen Wonderbra ham?

Geht das Feuer aus, wenn der
Schuss in den Ofen geht?

Den Seinen gibt's der Herr im Schlaf –
warum trifft es dann immer Frauen?

Wenn das Leben kein Wunschkonzert ist, warum
gibt es trotzdem immer einen, der den Takt vorgibt?

Wenn Arbeit adelt, bleiben Sie auch lieber bürgerlich?

Wenn Alter vor Liebe schützt, schützt
Liebe dann vor dem Altern?

Es heißt, dass das Ei klüger ist als die Henne – warum aber sagt man dann, dass das Küken klüger sein will als die Henne, und wo hat es seinen Verstand verloren?

Wer bekommt das restliche Besteck,
wenn einer den Löffel abgibt?

Wer wäre noch alles Millionär, wenn das Wörtchen »wenn« nicht wär?

Macht vier plus vier sieben,
wenn man nicht achtgibt?

Ist beinahe noch lange nicht halb?

Soll man den Pferden das Denken überlassen,
nur weil die den größeren Kopf haben?

Warum beißt die Maus ausgerechnet da keinen Faden ab?

Was soll das fünfte Rad am Fahrrad?

Sind Pessimisten Optimisten mit Erfahrung?

*Besser schlecht im Auto gefahren
als gut zu Fuß gegangen?*

Wächst der Pfeffer da, wo der Hase liegt?

Aus Schaden wird man klug, heißt es,
aber schadet Klugheit dann nicht?

Doppelt genäht hält, was es verspricht?

Heißt es Would I be watchful?
Oder doch: Wood-eye be watchful?

Sollte, wer im Schlachthaus sitzt,
nicht mit Schweinen werfen?

Warum sind so viele Pflegmatiker von
vornherein ohne Saft und Kraft?

Wenn Dummheit schon weh tut, warum
schützt sie dann nicht wenigstens vor Strafe?

Ist das Leben wie eine Hühnerleiter –
kurz, aber beschissen?

Bringt das Denkvermögen Zinsen?

Warum geht so manchem bei einer
Nacht-und-Nebel-Aktion ein Licht auf?

Marmor, Stein und Eisen bricht,
aber Omas Plätzchen nicht?

Ist nichts gelber als Gelb selber?

Ist Stillstand schon Rückschritt?

*Warum sind so wenige Fernsehleichen
schön wie Milch und Blut?*

Ist der Schnee von gestern der Matsch von morgen?

Ordnung ist das halbe Leben, aber
welches ist die bessere Hälfte?

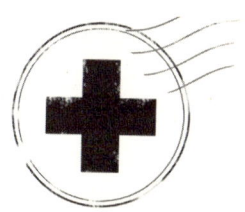

Wenn einmal keinmal ist, was macht dann das k?

Welcher Arzt studiert gerne einen vollen Bauch?

Eingebildete Bildung schützt vor Dummheit nicht?

Eine Hand wäscht die andere in Unschuld?

*Gibt es Kinder, die schon
im Garten legendär sind?*

Wenn einer immer spinnt – sollte man
sich vor dem Zweiten in Acht nehmen?

**Wenn ohne Moos nichts los ist, was
sollte da der rollende Stein sagen?**

Man hat's nicht leicht – Frau hat's leichter?

*Totgesagte leben länger –
willkommen in der Gerüchteküche?*

Träumt man süßer von sauren Gurken?

*Sind stille Wasser tiefer, wenn
man ins Glas geschaut hat?*

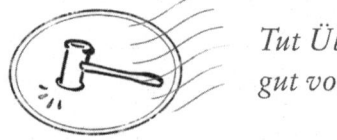

*Tut Übermut selten
gut vor dem Fall?*

Träume sind Schäume – schläft es sich
deshalb besser auf Kaltschaummatratzen?

**Wenn unter jedem Dach ein Ach ist,
was macht dann der Regen in der Traufe?**

Was haut Ihnen das Blech wech?

Geteilter Pudding ist halbe Freude?

Sollte man eine Köchin einstellen,
wenn zu viele Köche den Brei verderben?

Wo Feuer ist, da ist auch Rauch?

Wie man sich bettet, so lügt man?

Der Rufer in den Wald hört die eigene Schand?

Wo gehobelt wird, da fällt die Faust aufs Auge?

Wer nie sein Brot im Bette aß, weiß
der auch nicht, wie Krümel piken?

Kann niemand zwei Tode sterben?

 Wer den Hund beißt, bellt besser nicht?

Soll man über vergossene Milch nicht jammern?

*Wenn sonntags die Erinnerung kommt,
warum ist die Schule zu?*

Macht allzu scharf schartig?

Ungesund ist der Welten Lohn?

Aus Fehlern werden Leute?

Dumm bleibt dumm, da helfen keine Pillen?

Wenn der Teufel im Detail steckt, wie kann
er dort den größten Haufen scheißen?

*Der April macht, was er will, doch davon
geht die Welt nicht unter?*

Der Weg heiligt die Mittel?

Soll man den Tag nicht vor der Flinte ins Korn werfen?

**Ist etwas faul im Staate Dänemark,
wenn Holland in Not ist?**

Wer sucht die Bratwurst im Hühnerstall?

Wenn Hunde bellen, lässt die Katze das Mausen?

Dienst ist Dienst, Schnaps ist Schnaps, und Ehre,
wem Ehre gebührt?

Die Welt ist ein Dorf und kein Ponyhof?

*Haben Sie schon einmal eine viereckige
Ausschachtung selbstlos vorgenommen –
oder graben Sie einfach anderen eine Grube?*

Fallobst fällt nicht weit vom Baum?

Eigene Mikrowelle ist Goldes wert?

Ist wirklich erlaubt, was gefällt?

Eine Krähe macht noch keinen Sommer?

Haben Sie schon mal jemanden
im Regen mähen lassen?

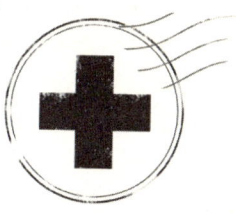

Eile mit Weile, besonders in der Morgenstund?

Doppelt genäht, heilt die Zeit alle Wunden?

Die Axt im Haus erspart den Kammerjäger?

Liegt Schönheit im Auge des Betrachters?

Haben Wände wirklich Ohren?

*Schon mal einen schlafenden
Hund in der Pfanne geweckt?*

Fisch will schwimmen, warum
stinkt er dann vom Kopf her?

*Der Krug geht so lange zum Brunnen,
bis der Rest Schweigen ist?*

*Wenn der Glaube Berge versetzen kann,
warum gibt dann der Klügere nach?*

Das Auge isst mit, wenn es nicht trocken bleibt?

Die Letzten beißen den Apfel?

Wenn dem Mutigen die Welt gehört,
warum ist Armut dann eine Zier?

*Bestraft das Leben auch das dicke Ende,
wenn es zu spät kommt?*

Rache ist süß – Eiscreme süßer,
wenn die Glocken nie klingen?

Sind unbewusste Geistestätigkeiten automatisch von
dünnen Flüssigkeitswänden eingeschlossene, gasförmige
Bläschen, oder schäumt es in Ihren Träumen auch nur?

**Wer Pech im Spiel hat, dem ist
das Glück in der Liebe hold?**

**Was nicht passt, wird passend gemacht
wie die Faust aufs Auge?**

Ist frisch gebaggert besser als alt geschaufelt?

*Wenn alle Wege nach Rom führen und alle Flüsse
ins Meer fließen, ist dann aller Tage Abend?*

Früh krümmt sich, was ein Meister werden will?

Gegen Dummheit ist kein Kraut gewachsen?

**Ist Jacke wie Hose so gewiss wie
das Amen in der Kirche?**

Schmerz lass nach!?

Leben Sie noch oder lachen Sie schon?

Beweist jeder, der über Rückenschmerzen klagt,
automatisch Rückgrat?

**Was wohl los wäre, wenn Jammern
wirklich helfen würde?**

Sollte man den Urin anzünden,
wenn's beim Wasserlassen brennt?

Wann blüht die Darmflora?

Ist grundsätzlich alles schlecht,
von dem uns schlecht wird?

Leben Zahnärzte von der Hand in den Mund?

Wenn Lachen die beste Medizin ist, warum gehen Sie nicht auch zu dem feixenden Schönheitschirurgen?

Bekommt man es auf einer Wendeltreppe mit dem Kreislauf zu tun?

Hat sich schon mal ein Blinder an einer Rauhfasertapete totgelesen?

Wen haut man bei Hautausschlag?

Warum zahlen Gesunde in die Krankenkasse ein?

Ist ein Kniefall heute eine Sache unter Orthopäden?

Warum ist ein Kreiskrankenhaus nicht rund?

Wenn Lachen gesund ist, was ist dann gegen Schadenfreude einzuwenden?

Ist Vorbeugen besser als auf die Schuhe kotzen?

Kann man sich den Arztbesuch sparen, wenn man schon in der Telefonzentrale verbunden wird?

Spart man Verbandszeug, wenn man sich das Knie an Pflastersteinen aufschlägt?

Ist Niesbrauch per Tröpfcheninfektion übertragbar?

Wenn vier von fünf Menschen an Durchfall leiden, bedeutet das, dass es einer Person gefällt?

Haben Fische Schuppen?
Oder trockene Haut?

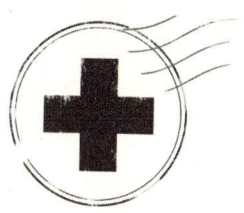

Sind Windhosen ein Fall für den Psychiater?

**Können Skelette so schlecht lügen,
weil sie so durchschaubar sind?**

Ist der Unterschied zwischen einem Dieb
und einem Arzt, dass der Dieb weiß,
was dem Opfer fehlt?

*Muss man zum Arzt, wenn der Toilettengang
renoviert werden muss?*

Haben Kieferorthopäden ein Harz für Bäume?

*Leiden Frauen, die die Pille vergessen,
womöglich an der Mnemopause?*

*Sollte man als Gynäkologe nicht
auch mal Abstriche machen?*

Warum nehmen viele Krankenschwestern
lieber Blut ab als Pfunde?

**In welches Krankenhaus geht
man für eine Finanzspritze?**

**Ist Diebstahl von Saatgut dasselbe
wie Samenraub?**

*Muss man sich nach einem Hirnschiss
noch Gedanken machen?*

Hat ein Augenarzt Sie schon einmal gefragt:
»Wie sind Sie hierhergekommen?«

Wie sehe ich aus, wenn ich aus der Haut fahre?

Heißt eine Rektal-Untersuchung auch Analyse?

Ist die Spritze nur so spitz wie der Arzt,
der sie verabreicht?

**Wie wünscht man einem Osteoporose-Patienten
Hals- und Beinbruch?**

Haben pfundige Leute immer Übergewicht?

*Sollte ein Herzkranker nie Cola und Bier trinken,
damit er nicht »colabiert«?*

Gilt im Darkroom das Faustrecht?

*Geht ein Nashorn zur Nasenpflege,
wenn es Hornhaut hat?*

Essen Mediziner nur am Anti-Sepp-Tisch?

Hat Ihnen Ihr Arzt schon mal 'nen Bypass zugespielt?

**Ist das ein Alkoholproblem, wenn
man ihn sich nicht leisten kann?**

Ist dem Arzt eine erregte Unbekannte
lieber als ein unbekannter Erreger?

*Stellen manche Ärzte deshalb so überhöhte Rechnungen,
um die Reflexe ihrer Kundschaft zu testen?*

Sollte man gleich noch eine Kur beantragen,
wenn man bei der ersten die Hälfte seines
Gewichts verloren hat?

*Tragen Chirurgen bei der OP Handschuhe,
damit sie keine Fingerabdrücke hinterlassen?*

Können Kranke auch Brüder haben und nicht nur Schwestern?

Lachen Sie Ihren Zahnarzt gerne an?

Soll man besser zum Arzt gehen, wenn der nüchtern ist?

Hilft es, bei einem tropfenden Hahn den Tierarzt zu holen?

Diagnostizieren Zahnärzte bei Politikern häufiger Mundgeruch wegen der vielen falschen Versprechungen?

Ist Ihrem Arzt eine gesunde Verdorbenheit lieber als eine verdorbene Gesundheit?

Nimmt man durch Blutspenden ab?

Ist der Mann, der am Beckenrand arbeitet,
Bademeister oder Gynäkologe?

Piken stumpfe Spritzen weniger?

Schon mal beim Bohren den Sehnerv getroffen?

Was tun, wenn die Spirale im Arsch ist?

Schon mal beim Arzt aus dem Wartezimmer wieder
gegangen, weil die Wunde inzwischen verheilt war?

Warum heißt es »Blut abnehmen«,
aber »Stuhlprobe abgeben«?

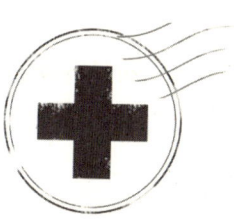

Arbeiten rote Herzschrittmacher wirklich
nur 35 Stunden in der Woche?

Wenn jemand von Abführmitteln sein Haus abbezahlen kann, ist das immer ein Apotheker?

Kommt der Pathologe immer zu spät?

Was – um Himmels willen! – ist ein Rotzlöffel?

Sondern Kieferorthopäden eine ölige Substanz ab?

Schon mal beim Telefonieren Stimmen gehört?

Geht man mit lichtem Haar besser zum Arzt oder zum Elektriker?

Sollte sich, wer sich zwischen OP und Sterben nicht entscheiden kann, zu beidem entschließen?

Stimmt es, dass Menschen, die kein Blut
sehen können, häufig blind sind?

**Graut Ihnen auch so vor einer Untersuchung
bei einem Ohrenarzt, der sagt:
»Augen zu und durch«?**

Übertreibt ein Simulant, wenn er
während der Untersuchung verstirbt?

*Wer ist aufgeregter bei der ersten OP,
der Arzt oder der Patient?*

Schon mal 'ne Schwester mit Bettpfanne
zum Kochen gebracht?

Kauft man Zäpfchen am besten zum Einführungspreis?

Nimmt man zu, wenn man in der
Zeitung das Fettgedruckte liest?

Aus welcher Richtung gehen Sie auf die fünfzig zu?

Sollte man ein Gerstenkorn im Auge behalten?

*Ist das ein gutes Zeichen, wenn
einem beim Arzt nichts fehlt?*

Hilft Kopfschütteln gegen Korpulenz nur,
wenn einem Essen angeboten wird?

*Ist derjenige glücklicher, der vergisst,
dass er Alzheimer hat?*

*Sollte man im Wartezimmer bleiben,
wenn es brechend voll ist?*

Ist das ein Porzellan-Syndrom, wenn
man nicht alle Tassen im Schrank hat?

**Wenn Augenärzte unverständliches Zeug reden,
tappt man dann als Patient im Dunkeln?**

Wer viel Pfötchen gibt, muss der zum Tierarzt?

Ist Schluckauf für Feuerschlucker gefährlich?

Hat Ihnen ein Arzt schon einmal
etwas hoch angerechnet?

Wenn es am Alkohol liegt – sollte man erst wieder
zum Arzt gehen, wenn der nüchtern ist?

**Ist der Unterschied zwischen Operation
und Obduktion wirklich rein sprachlich?**

Wann ist in Möbelhäusern Bettruhe?

Was macht man, wenn man vor Schwäche das Röhrchen mit Stärkungsmittel nicht aufbekommt?

Muss man mit Hühneraugen zum Veterinär?

Ist ein Arzt kurzsichtig, der in die Spalte Todesursache den eigenen Namen einträgt?

Tragen Ärzte beim Operieren einen Mundschutz, damit sie das Messer nicht ablecken?

Hört Husten sich besser an,
wenn man Tag und Nacht übt?

Helfen Tabletten gegen Nebenwirkungen?

Ist man mit Hämorrhoiden am besten
beim Arschäologen aufgehoben?

Hat Sie schon mal jemand gegen Ihren Willen geimpft?

Gehen Ärzte nicht gerne auf Friedhöfe?

Sind alle Chirurgen große Aufschneider?

Warum müssen auch Nicht-Klempner
beim Arzt Wasser lassen?

**Wenn man seit Tagen keinen Stuhl hatte, hilft es,
sich auch einmal auf den Boden zu setzen?**

Sollte, wer Angst vor der Spritze hat,
um eine stumpfe bitten?

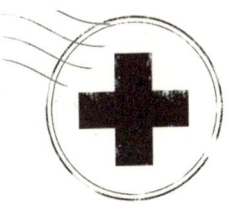

*Sind Fische gesund – nur weil noch
nie einer in einer Arztpraxis war?*

Kann man mit Durchfall baden gehen?

*Was tun verliebte Ärzte gegen
Schmetterlinge im Bauch?*

*Muss bei einer Zangengeburt auch
ein Werkzeugkasten im Kreißsaal sein?*

Ist Liebe auf den ersten Blick die am
weitesten verbreitete Augenkrankheit?

Wenn jemandem nichts fehlt, hat er dann alles?

Muss, wer sich hundeelend fühlt, zum Tierarzt?

Schon mal ein Röntgenbild retouchiert?

Können Ärzte ihre eigene Schrift lesen,
oder brauchen sie dafür einen Spezialisten?

Ist Popcorn ein Aphrodisiakum?

Woher kommt der Bremsbelag auf den Mandeln?

Ist es hilfreich, wenn man bei einer Tinnitus-Hotline
anruft und die Stimme auf dem Anrufbeantworter sagt:
»Bitte sprechen Sie nach dem Pfeifton!«?